FELIPE URIBE DE BEDOUT. EN SECCIÓN
A SECTIONAL VIEW

Felipe Uribe de Bedout. En sección

Primera edición First edition, 2018
© Arquine, S.A. de C.V.
  Campeche 300, PH, Hipódromo, Ciudad de México, 06100
  ISBN: 978-607-9489-36-6

Textos Texts
© Teodoro Fernández Larrañaga
© Camilo Restrepo Ochoa
© Felipe Uribe de Bedout

Fotografía Photography
© Alejandro Arango Escobar @pr.arq

Dirección general Director
  Miquel Adrià
Dirección ejecutiva Executive Director
  Andrea Griborio
Dirección editorial Publishing Director
  Selene Patlán
Coordinación editorial +UdeB Arquitectos Publishing
Coordinator, +UdeB Arquitectos
  Juan Camilo Solís Marín
Asistencia editorial Editorial Assistant
  Miguel Caballero
Diseño Design
  José Luis Lugo
Corrección de estilo Copy editting
  Gwennhael Huesca
Traducción Translations
  Fionn Petch

www.arquine.com

FELIPE URIBE DE BEDOUT. EN SECCIÓN

A SECTIONAL VIEW

Índice Contents

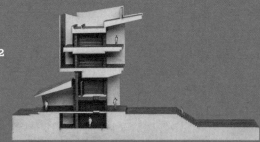

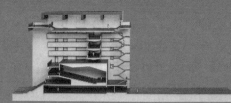

Una arquitectura de acción

Miquel Adrià

An Architecture of Action

Quizá nunca hubo un cliente que le encargara la Ciudad Radiante a Le Corbusier o el rescate de la Ciudad Lacustre a Alberto Kalach. Tampoco llegó el encargo a Felipe Uribe de Bedout para la plaza del Parque de los Pies Descalzos, sin embargo ahí se detonó la transformación de Medellín. Sin cliente, el arquitecto tuvo que apelar a sus propias intuiciones, a las certezas de su experiencia, para hacer del agua el auténtico protagonista de un espacio público, donde no existió por décadas la noción de lo público. Decía Felipe Uribe de Bedout que un buen proyecto debe poner en sintonía y en su lugar las contradicciones de todo programa. "Debe escuchar lo que ve —añade—, y ver lo que escucha". Debe llevar el caos al orden. Y en buena medida es lo que propuso para esos nuevos espacios urbanos del Parque de los Pies Descalzos, que envuelven el Museo del Agua, la Casa de la Música y la Biblioteca EPM que definieron la identidad que conformó el marco y el escenario de la convivencia urbana. Autor de una arquitectura de acción que conforma —que da forma— al paisaje, con grandes infraestructuras que se insertan en el territorio, como aquellas megarquitecturas de Vittorio Gregotti, Uribe convierte los programas del Crematorio, del Templo de las Cenizas, o de los edificios de acceso y de la Guaca, del módulo La Silleta, o del Edificio Ciempiés, todos ellos en el Parque Arví, y también las escuelas Fundación Educativa Guillermo Ponce de León o el Parque Educativo Balcones del Saber, en oportunidades para

Perhaps there was never a client who commissioned the Cité Radieuse from Le Corbusier or asked Alberto Kalach to recover the Lakeside City. Nor did anyone commission Felipe Uribe de Bedout to create the Barefoot Park, but that is where the transformation of Medellin began. With no client, the architect had to call upon his own intuition, the certainties that experience afforded, to make water the authentic protagonist of a public space where the very notion of the public had long been absent. Felipe Uribe de Bedout said that a good project should set in tune and put in their place the contradictions inherent in any program. "It should hear what it sees, and see what it hears," he adds. It should lead from chaos to order. And in a good measure this is what he proposed for these new urban spaces of the Barefoot Park, which encircle the Museum of Water, the House of Music and the EPM library and that defined the identity that shaped the framework and the stage of urban coexistence. Uribe is the author of an architecture of action that shapes—that gives form to—the landscape, with major infrastructure projects that insert themselves in the territory like the mega-architecture of Vittorio Gregotti. He transforms the programs for the Crematorium, the Temple of Ashes, or the entrance, the Guaca, the Saddle and the Caterpillar buildings in the Arví Park, as well as Guillermo Ponce de León Educational Foundation and the Balcones del Saber Educational Park into opportunities to redraw the landscape, giving it

redibujar el paisaje, dándole contenido sin camuflarse. + Uribe gozó el momento mágico del cambio de Medellín en el que aparecieron simultáneamente arquitecturas oportunistas, del momento, y surgieron arquitecturas heroicas —como las suyas— para transformar la capital global del narco en un ejemplo de transformación urbana. Autocrítico y reflexivo, Felipe Uribe de Bedout decidió alejarse de su realidad paisa, de las espumas de la ola de éxito prematuro, para seguir construyendo un discurso cada vez más profundo, menos coyuntural, más arquitectónico si cabe. Se alejó para regresar y seguir definiendo las certezas de una arquitectura sin adjetivos. Sólo verbo, sólo acción. Dice Felipe Uribe de Bedout "que la planta es un elemento organizador y los cortes son los responsables de asegurar la complejidad espacial y garantizar una grata sorpresa vivencial a sus habitantes". Para él la primera es una envolvente rígida y la sección es la envolvente elástica que construye los espacios intermedios, los umbrales de transición entre el interior y el exterior. No puedo dejar de recordar mi primera toma de conciencia de la relevancia de la sección en la arquitectura. Siendo estudiante de segundo año, Rafael Moneo como profesor invitado a la ETSAB, sentenció que la arquitectura estaba en la sección, y desde ese momento todos sus discípulos, que fungían como profesores, no dejaron de repetir como mantra que la arquitectura estaba en la sección. Desconcertado e inquieto ante tal revelación eclipsada no dejé de preguntar su significado: me enviaron las obras publicadas de Alvar Aalto y no vi más que dibujos emborronados, por lo que no tuve alternativa más que visitar aquellos edificios finlandeses que me abrirían la clave del conocimiento. + Efectivamente, a mi regreso ya iluminado, cada vez que me preguntaban, respondía sonriente que "la arquitectura está en la sección". Si bien es cierto que con los años —y Mies Van der Rohe de por medio— reconocí que la arquitectura está en la planta, en los materiales —Carlos Scarpa sin ir más lejos— y que puede ser ubicua con Le Corbusier, no dejo de celebrar aquel momento al penetrar en la arquitectura de Felipe Uribe de Bedout desde el corte. La osadía de su obra quedará definida en la complejidad espacial que se proyecta desde la sección y que en algunos casos pudiera ser infinita. Solo la planta cumplirá con la sensatez y acotará los límites de los terrenos y los programas. Para este arquitecto de acción, el espacio —y la expresión de la arquitectura— está en la sección.

content without camouflaging it. + Uribe enjoyed the magical moment of change in Medellin when opportunistic architecture, very much of its time, appeared simultaneously with heroic architecture—like his own—to transform the world's narco-capital into an example of urban transformation. Self-critical and thoughtful, Felipe Uribe de Bedout chose to move away from his local reality, from the froth of the wave of premature success, to continue building in line with a discourse that went ever deeper, becoming less circumstantial and more properly architectural. He distanced himself only to return and continue defining the certainties of an architecture without adjectives. Only verb, only action. Felipe Uribe de Bedout says that "the plan is an organizing instrument and the section is responsible for ensuring spatial complexity and providing a pleasant surprise for those who inhabit it." For him, the plan is a rigid enclosure and the section is the elastic enclosure that constructs the intermediate spaces, the thresholds of transition between the interior and exterior. I'll never forget the first time I realized the importance of the section in architecture. As a second-year student, when Rafel Moneo was a guest professor at the ETSAB, he declared that architecture lies in the section. Ever since, all his disciples, who became professors in turn, continued to repeat like a mantra that architecture lies in the section. Baffled and uneasy at this eclipsed revelation, I never stopped asking about its meaning: they sent me the published works of Alvar Aalto and I saw only blurred drawings, so I had no alternative but to visit those Finnish buildings that would finally provide the key to understanding. + And indeed upon my return, now illuminated, each time I was asked I smilingly replied that "architecture lies in the section." While it is true that with the passage of the years—and with Mies Van der Rohe in between—I acknowledged that architecture also lies in the plan, and in the materials—Carlos Scarpa, to start with—and it can be in everything if we are Le Corbusier, I continue to celebrate that moment as we penetrate the architecture of Felipe Uribe de Bedout with a sectional view. The daring of his oeuvre will be defined by the spatial complexity that is projected from the section and that in some cases could be infinite. Only the plan complies with good sense and sets the boundaries of the terrain and the programs. For this architect of action, space—and architectural expression—lies in the section.

Desde el sur, Chile 2018

Teodoro Fernández Larrañaga

From the South, Chile 2018

Un día de lluvia, llovía como llueve en Medellín cuando llueve... Las plazas resplandecían bajo una luz brillante y el cielo se desplomaba en agua, que hacía brillar aún más los pavimentos y las superficies vacías. Las plazas eran representaciones abstractas del espacio, relucientes, prístinas. Si bien estaban vacías, no estaban abandonadas. Cuando se encontraba refugio bajo las marquesinas en la periferia del Museo del Agua o de la Casa de la Música, se descubría que había una gran cantidad de gente que esperaba que pasara el aguacero, al mismo tiempo que observaba la lluvia. Firmamento y suelo. ✚ Michael Hough dice "la arquitectura debe poner en evidencia los fenómenos de la naturaleza, no ocultarlos". Las plazas vacías en un día de lluvia ponen en evidencia los suelos y el cielo de Medellín, con sus nubes que bajan por los cerros. ✚ El nombre "pies descalzos" ya suena como una provocación en Chile. Esa descripción no se usa. Empleamos, en cambio, "sin zapatos". Parece que ambas dicen lo mismo, pero difieren por completo en su significado. "Pies descalzos" hace referencia a algo sensorial, a una liberación. Por el contrario, "sin zapatos" —más coloquial, "a pata pelá"— alude a una carencia, a una falta material, es la denuncia de un problema social. Aparece entonces una manera distinta de entender un espacio público: no es una sociedad ordenada que el poder muestra como su fachada, sino una sociedad que disfruta de un espacio público al sol. ✚ Los proyectos sorprenden primero por su propuesta, la

A rainy day: it was raining like it rains in Medellin when it really rains... the squares were shining under an intense light and the sky was shredding itself in a deluge that made the sidewalks and empty surfaces shine even more, the plazas like abstract representations of space, gleaming, pristine. Although they were empty, they were not abandoned. When shelter was found under the awnings around the Museum or the House of Music, we discovered a large number of people doing the same, waiting for the downpour to pass, while observing the rain. The earth and the firmament. Michael Hough tells us that "architecture should reveal the phenomena of nature, not conceal them." The empty plazas of a rainy day reveal the ground surface and the sky of Medellin, with the clouds descending over the hills. The name "barefoot" sounds like a provocation in Chile, where the usual term is "without shoes"; even if both appear to mean the same, what they signify is quite distinct: "barefoot" refers to something sensorial, suggestive of liberation, while "without shoes" (or "shoeless") refers to a lack, a material shortage, a social problem. A different way of understanding public space then appears: not as an ordered society that power displays as its façade, but a society that enjoys public space under the sun. ✚ The projects astonish first of all for the proposal; the form comes later. I first met Felipe Uribe de Bedout at a seminar on public spaces organized by Mathias Klotz in the UDP in Santiago in 2007. I went to Medellin in 2014

forma viene después. Conocí a Felipe Uribe de Bedout en un seminario sobre espacios públicos al que invitó Mathias Klotz en la Universidad Diego Portales de Santiago, en 2007. Fui a Medellín en 2014 a propósito del concurso para la Carrera Bolívar. Después hemos coincidido en Córdoba, Buenos Aires, Sao Paulo y de nuevo en Santiago, en 2017. + Que después de Rogelio Salmona, Carlos Campuzano, Dicken Castro o Ernesto Jiménez haya una generación talentosa de arquitectos contemporáneos en Colombia, revela que se puede hacer arquitectura moderna más allá del ladrillo; algo así como que existe Fernando Vallejo después de Gabriel García Márquez. Una generación numerosa y extendida a lo ancho de Colombia: Barney, Bonilla, Echeverri, Bermúdez, Mazzanti, en una lista corta. + El desafío y el esfuerzo están puestos en la negociación con los clientes, los funcionarios, las inmobiliarias, antes que en los planos. La arquitecta Montserrat Palmer atribuía a Oriol Bohigas la frase "el cliente quiere gato, es el arquitecto el que le ha de pasar liebre". A Felipe Uribe de Bedout le interesa más formular el programa o modificarlo, busca cambiar la vida en los ideales modernos ambiciosos, hacer vivir la ciudad con elementos modestos, más sol, más sombra, más verde, más sencillo, más económico. Uribe insiste en lo edificado como instrumento, "el verbo sobre el sustantivo", dice. La acción, el acto, como protagonista del espacio. + Fernando Vallejo retrata la Medellín del nuevo milenio en *Casablanca la bella*: "La lluvia cae sobre Casablanca iracunda, alucinada. Baja el agua por las canoas del techo al patio a trompicones, como llevada de la mano de mi señor Satanás. Quiebra tejas, moja pisos, forma charcos y los charcos lagos. Borbotea de la ira la maldita".[1] Vallejo evoca las casas que habitó y ahora esta Casablanca que se cae a pedazos. Mientras tratan de arreglarla, ve cómo la ciudad y la sociedad se destruyen. Entre tanto, Medellín cambia con optimismo. En la novela, así como en nuestras sociedades y ciudades americanas del nuevo siglo, los arquitectos y sus instrumentos son vistos como Pandora, "diosa de la invención", descrita por Hesíodo "como el 'amargo regalo de todos los dioses' que, al abrir su caja [...] de nuevas maravillas, 'esparció dolores y males entre los hombres'".[2] + Felipe Uribe de Bedout, con aquello de "sí se puede", con los primeros resultados de un nuevo paisaje urbano, sedujo la voluntad política y la impulsó, desde la infraestructura hasta la arquitectura, a invertir en el espacio público "de la mejor calidad y dignidad", unir pies descalzos con libros, deseos y estrellas —fugaces— con música. + "La política, instalada por encima del trabajo físico, es la que tiene que proporcionar la orientación":[3] sólo el arte puede

in connection with the competition for La Carrera Bolívar. Later we met in Cordoba, Buenos Aires, Sao Paulo and again in Santiago in 2017. Demonstrating that after Rogelio Salmona, Carlos Campuzano, Dicken Castro or Ernesto Jiménez there is a talented generation of contemporary architects in Colombia, they reveal that modern architecture can be done Colombia, and not only of bricks, just as Fernando Vallejo came after García Márquez. A multifarious generation from across Colombia: Barney, Bonilla, Echeverri, Bermúdez, Mazzanti, to name just a few. + The challenge and the effort are dedicated to the negotiation with the principals, the officials, the real estate developers, before moving on to the plans. The architect Montserrat Palmer attributed to Oriol Bohigas the saying "the client wants a cat, the architect has to pass off a hare." Felipe Uribe de Bedout is more interested in formulating or altering the program, seeking in ambitious modern ideals to change lives, bring the city to life, with modest elements: more sun, more shade, greener, simpler, cheaper. Uribe insists that the built environment is an instrument: "the verb before the noun," as he says. The action, the act, as protagonist of space. + Like many Latin American cities, the Medellin of the new millennium, the Medellin that Fernando Vallejo brought to life in *Casablanca the Beautiful* (2013): "The rain falls on Casablanca angrily and irritable. The water runs down the pipes from the roof into the patio in fits and starts, as if carried by the hand of my Lord Satan. It breaks tiles, wets floors, forms puddles and the puddles form lakes. The damn rain bursts with anger."[1] Fernando Vallejo evokes the houses he lived in and now this Casablanca that falls apart as they try to fix it, he sees the city and society destroying itself, while Medellin is optimistically changing. In the novel, as well as in our American societies and cities of the new century, architects and their instruments are seen as "Pandora, Goddess of invention, bitter gift of all the gods" who, upon opening her box of new wonders, "scattered pains and evils among men." (Richard Sennett, citing Hesiod in the prologue to "The Craftsman").[2] + Felipe Uribe de Bedout takes the "yes we can" approach to imagining a new urban landscape, seducing the political will with the first results, driving it from infrastructure to architecture, investing in public space "of the best quality and dignity," uniting bare feet and books, desires and (shooting) stars with music. + "It is politics, standing above physical labor, [that] has to provide the guidance."[3]: only art can sublimate objects. The idea of architecture as an instrument pursues a rationalization of form, form follows action, act, the verb as Felipe Uribe de Bedout

1 Fernando Vallejo, *Casablanca la bella*, Bogotá, Alfaguara, 2013.

2 Richard Sennett, "Prólogo: el hombre como creador de sí mismo", en *El artesano*, Barcelona, Anagrama, 2009, p. 12.

3 Hannah Arendt, citada en Richard Sennett, *ibidem*, p. 11.

1 Fernando Vallejo, *Casablanca la bella*, Bogotá, Alfaguara, 2013.

2 Richard Sennett, "Prologue: Man as His Own Maker," in *The Craftsman*. London: Penguin, 2008, p. 1.

3 Hannah Arendt, cited in *ibid.*, p. 1.

sublimar los objetos. **+** La idea de instrumento para la arquitectura persigue una racionalización de la forma. La forma sigue a la acción, el acto, el verbo, como dice Felipe Uribe de Bedout: los edificios enmarcan las vistas a los cerros, sitúan el espacio en la geografía, direccionan las vistas y también los pasos, "sensiblemente el uso". La idea de Le Corbusier del edificio moderno sobre pilotes se usa aquí como trasparencia necesaria de los espacios públicos. Edificios sin puertas, sin umbrales que marquen la diferencia entre adentro y afuera, en los que el elemento de control desaparece o más bien se desvanece. No es sólo la unión de interior con exterior del movimiento moderno, es la unión de lo privado con lo público. **+** El interior es un espacio de sombra y la arquitectura un periscopio, instrumento, para mirar el paisaje. **+** Han pasado diez años desde el "descubrimiento" de Felipe Uribe de Bedout, los arquitectos colombianos y la ciudad de Medellín. Hemos cambiado. Sobre todo, Medellín ha cambiado: de la violenta ciudad de *La virgen de los sicarios*,[4] a la que hoy ocupa portadas de revistas —de arquitectura y de las otras—, ha obtenido premios y se ha colocado como la urbe que ha sabido gestionar su arquitectura ya no como planificación, sino como proyecto. En este esfuerzo por construir una ciudad nueva a partir de la arquitectura, el Parque de los Pies Descalzos y el Parque de los Deseos son el comienzo, o mejor dicho, el principio.

says: the buildings frame the views of the mountains, situate space in geography, direct the gaze as well as the steps, "sensitive to use." Le Corbusier's idea of the modern building on pilotis is used here as a necessary transparency of public spaces, buildings without doors, without thresholds to mark an inside or outside, where the element of control disappears or rather fades away. It is not just the modern movement's union of interior and exterior, but the linking of the private and the public. **+** The interior is a space of shade, and architecture is a periscope, an instrument for gazing at the landscape. **+** Ten years have passed since the "discovery" of Felipe Uribe de Bedout, of Colombian architects, and of the city of Medellin. We have changed. Above all Medellin has changed, from the violent city of "Our Lady of the Assassins"[4] to the city that now features on magazine covers—of architecture and many other kinds—has won prizes, has positioned itself as a city that knows how to manage its architecture no longer just as planning but as project. In this effort to build a new city out of architecture, the Barefoot Plaza and the Park of Desires are the beginning, or rather the foundation.

4 *La virgen de los sicarios*, 1999, Dir. Barbet Schroeder, 97 min.

4 *Our Lady of the Assassins*, 1999, Dir. Barbet Schroeder, 97 min.

Game #6

Camilo Restrepo Ochoa

Game #6

En estos tiempos en los que todo es inestable y el entretenimiento o fanatismo están atados a las opiniones de la red social favorita, la movilidad y el capital, a primera vista, el ajedrez parece un juego aburrido, tanto como podría ser hablar de arquitectura por la arquitectura y tan políticamente incorrecto como mencionar la palabra belleza. **+** La contemporaneidad privilegia unas manifestaciones culturales sobre otras, principalmente las que pueden articularse con el entretenimiento, por ejemplo, el cine, la música, la danza. A la arquitectura, desde las cuestiones disciplinarias, le costará bastante entrar a esa categoría, y seguramente, permanecerá más cercana al ajedrez que al fútbol o la Casa Blanca. **+** Hablar de arquitectura, diseño y arquitectos dentro de los límites disciplinarios, en estos tiempos, puede ser un despropósito. En muchos casos podría considerarse un insulto a la nueva moral colectiva que aboga por que cualquier actividad cultural sea vista y juzgada desde la perspectiva del compromiso social o el activismo político. En ocasiones, esto oculta la falta de talento y capacidad intelectual detrás de una campaña populista a favor de los poderes mágicos —no comprobados— de la arquitectura social *in extremis*, que cae tan bajo como en la ya ejecutada apología a la pobreza como causa estética y la sostenibilidad como instrumento todopoderoso. En el fondo, esto no es sino un paliativo reconfortante para una sociedad humana depredadora, como la que habita el Antropoceno, que limpia nuestra conciencia

In these days when everything is unstable and entertainment or fanaticism is tied to the opinions on the social network of choice, to mobility and to capital, at first glance chess may seem a boring game; as boring as it might appear to talk today of architecture for architecture's sake, and as politically incorrect as mentioning the word "beauty." **+** The present day privileges certain cultural manifestations over others, principally those that can be articulate as entertainment, for example film, music, dance. For architecture, from the perspective of the discipline, it is difficult enough to join this category, and it is therefore much more likely to be associated with chess than with soccer or the White House. **+** Today, speaking of architecture, of design and of architects within the boundaries of the discipline seems like an absurdity and could often be viewed as an insult to the new group morality that insists all cultural activities must be seen and judged from a perspective of social commitment or political activism. This approach often shields its lack of talent and intellectual ability behind a populist campaign backing the—unproven—magical powers of social architecture *in extremis*, falling as low as the already-implemented apology for poverty as an aesthetic cause and of sustainability as an all-powerful instrument. But at bottom, this is a mere comforting palliative for the predatory human society that inhabits the "Anthropocene," that like a placebo cleanses our conscience while we seek out the organic food store closest to home. **+** Mass audiences do not

como un placebo mientras buscamos la tienda de productos orgánicos más cercana. ✚ Las audiencias masivas no acceden de manera fácil al corazón puro y duro de la disciplina, a sus intereses o sus perspectivas operativas. Por el contrario, buscan en el *streaming* del momento contenidos más próximos, temporales, que exijan menos compromiso intelectual o documental. Para comprobarlo, basta con abrir Facebook o Instagram, navegar por el borroso límite de la vida privada de nuestros ídolos de papel y verificar que lo susceptible de ser discutido como arquitectura no es un *trending topic*. Así, las preguntas que nos hacen necesarios de verdad en nuestro papel operativo quedan relegadas a una conversación pendiente. Una vez más, se da prioridad a lo inmediato, a leer el periódico de ayer y ver, como todas las mañanas, que estamos desactualizados, mientras creemos ver el presente y sentirnos cerca del futuro. ✚ La arquitectura practicada a partir de la disciplina se asemeja al ajedrez: un juego sin contacto físico —ya no existe el crítico de arquitectura—, lento —las revistas no fluyen tan rápido como las webs de referencia, construir toma tiempo— y de contenido poco carismático como para tener una audiencia televisiva o *streamings* copados de suscriptores. ✚ El ajedrez tampoco se juega, como otros deportes, en una cancha en la que la cámara pueda regocijarse construyendo secuencias emocionantes del movimiento de los jugadores, que el director de producción editará y retransmitirá en cámara lenta —analizar una expresión facial, la tensión de los músculos o la cara del entrenador, mientras algún jugador, en el minuto 89, corre por el campo y da instrucciones con la boca tapada para impedir la lectura de sus labios— para producir una emoción visceral con imágenes más cercanas a la demanda de entretenimiento contemporáneo para las masas, que permitirá largas conversaciones posteriores y especulaciones infinitas. ✚ Según esta lógica, los jugadores de ajedrez o los arquitectos que practican la arquitectura desde la disciplina no son objeto de largos titulares políticos, jugosas contrataciones o escándalos mediáticos que alimentan las redes, como cualquier Kim —Kim Kardashian, Kim Jung Il , Kim Jong-un, etc.—, pero en todos los campos existen excepciones, claro está. ✚ Seamos honestos. El ajedrez, o la mirada a la arquitectura desde la disciplina, es un juego más proclive a agradar a excéntricos particulares y conocedores. De ninguna manera es para la gran mayoría de la sociedad contemporánea, más dada a lo homogéneo, lo estándar, lo común, a venerar una publicación con miles de *likes* y aprobar lo que lleva la corriente sin indagar mucho en el asunto. Una sociedad más cercana a opinar que a discutir. Pero el ajedrez, tanto como mirar la arquitectura desde la disciplina, es interesante porque nos vincula con un carácter: el del estratega, el que posee una manera personal de ver el

easily gain access to the pure, hard heart of a discipline, whether via their interests or operating perspectives. To the contrary, they seek the nearest streaming or other temporary content of the moment, whatever demands the least intellectual or documentary commitment. It is enough to open Facebook or Instagram to check the blurred boundaries of the private lives of our paper idols to prove that what really needs to be discussed as architecture is not a "trending topic" and thus the questions that seem really essential to us in our operational roles are relegated to a future conversation. Once again, priority is given to immediacy, to reading yesterday's newspaper and realizing that, like every morning, we are always out of date even as we believe ourselves to be observing the present and feel we are close to the future. ✚ Architecture practiced from the perspective of the discipline is close to chess: a game without physical contact (the architecture critic is a thing of the past), slow (magazines don't move as fast as the internet; building takes time), and it lacks the charismatic content needed for a TV audience or for over-subscribed online streaming. Nor does chess take place on a pitch like other sports where the camera can take pleasure in constructing exciting images of the players' movements. The kind of images that the producer can edit and replay in slow motion in order to analyze the facial expression, the tension in the muscles or the face of the coach while in the 89th minute a player runs the length of the pitch, as he gives instructions with his mouth covered to prevent others reading his lips. This produces a visceral emotion with images that are much closer to the contemporary demand for entertainment of the masses, and in addition invites endless chit-chat and speculation. ✚ Following the above logic, chess players or professional architects are not those who appear in headlines on the politics pages, or get involved in juicy contracts or media scandals that feed the online networks like a Kim—Kim Kardashian, Kim Jung Il , Kim Jong-un, etc.—, though there are always exceptions. ✚ Let's be honest, chess or architecture is a game far more likely to please eccentric individuals and connoisseurs, than it is to satisfy the vast majority of contemporary society, who are more inclined towards what is homogenous, standardized, common, who prefer to make reverences to a post with thousands of likes and to approve of whatever is on trend without expending much effort on the matter. More like shouting than discussing. But chess, like architecture, is interesting only insofar as it connects us with a character: that of the strategist, one who possesses a personal manner of seeing time, of understanding and forging the relationships that are established between the pieces and measuring and calculating the distance that binds and separates them. The strategist in someone who patiently

tiempo, de entender y fabricar las relaciones entre las piezas, de medir y calcular el espacio que las une y las separa. El estratega, con paciencia, construye las oportunidades dentro de las limitaciones cartesianas de un tablero similar a la retícula urbana y un conjunto simple de reglas. Para el jugador de ajedrez hay sólo dos opciones de color y seis tipos de ficha, cada uno con una restricción de movimiento en número de casillas y dirección. Para el arquitecto, se trata del presupuesto, las normas, el cliente, el peso de la historia, el compromiso con su contexto. ✚ Bajo esta premisa, ambos construyen su trama a partir de un astuto proceso de identificación de la situación que los lleva a escoger un camino particular, una manera de hacer y hacer creer. Una vez proyectada en el tiempo, ésta se convierte en la lectura clarísima de un sinnúmero de variables, un objetivo y muchas maneras de llevar a cabo una estrategia específica que involucra cliente, normas, lugar y un abanico ilimitado de asociaciones listas para llevar el caso al extremo, a donde no haya marcha atrás para ninguna de las partes. Al mismo tiempo, ambos contienen y tratan de entender a la contraparte, de reaccionar al movimiento del adversario. Sucede que, con el tiempo y la edad, descubrimos que al que llamamos contrincante y vemos como otro no existe. En realidad, nos enfrentamos a nosotros mismos, a no repetirnos, a buscar cómo hacernos necesarios para que haya siempre una partida que jugar, un nuevo fantasma personal que vencer. La arquitectura es un juego en el que el mayor enemigo, tal vez, viste también de negro, piensa y dibuja como uno, porque ambiciona lo mismo, diseñar oportunidades para construir libertad. ✚ Las limitaciones del juego, la arquitectura y la ciudad obligan a entender de manera simultánea lo específico y lo general en un sistema espacial acotado en un campo abstracto, alimentado por millones de combinaciones reales posibles y un solo final personal: jugar a la manera propia, romper las reglas autoimpuestas, con sus manías y obsesiones, sus entramados y trucos, hacer posibles los motivos más profundos, como el de hacer(se) un lugar en el mundo. ✚ Podemos avanzar y aseverar que existen dos tipos de arquitecto, más allá del zorro y el erizo.[1] Incluso podemos referenciarlos y complementarlos más allá de la clasificación de Eisenman: los que tienen una práctica y los que tienen un proyecto.[2] ✚ Diremos que existen otros dos tipos de arquitecto: los que apuestan por construir la novedad del momento con cada proyecto —innovar— y desmarcarse de sí mismos, y los que buscan dar continuidad a un puñado de ideas, ser fieles a ellos mismos, extender y desarrollar sus intereses. Al

constructs opportunities within the Cartesian limitations of a playing board that resembles the urban grid and a simple set of rules. For the chess player there are only two color choices, only six kinds of piece, each with its specific movement restrictions in terms of number of squares and type of move. For the architect this translates into the budget, the standards, the client, the weight of history, the commitment to the context. ✚ Under this premise, both construct their game on the basis of a shrewd process of identifying the situation that leads to the choice of a particular path, a way of doing and making believe, that once projected in time becomes a flawless reading of countless variables, a goal and multiple ways of carrying out a specific strategy that involves client, standards, site and an unlimited range of associations ready to take the case to the limit, where there can be no backsliding for any of the parts. At the same time, they contain and try to understand and react to the counterpart, to the adversary. With time and age, however, we discover that the one we called opponent and saw as the other does not exist, but in reality we only confront ourselves, in order not to repeat ourselves, in order to find ways to make ourselves necessary, so that there is always a new game to play, a new personal ghost to defeat. Architecture is a game in which our greatest enemy may also dress in black, think and draw just like ourselves, because they share our ambition: to design opportunities to construct freedom. ✚ The limitation of the game, of architecture and the city, forces us to simultaneously understand the particular and the general of a limited spatial system, in an abstract field that is fed by millions of potential real combinations and a single personal goal: to play the game properly, to break our own (self-imposed) rules with our manias and obsessions, with our webs and our tricks, make possible our deepest motivations, that of making a place in the world. ✚ We could then proceed to affirm that there are two types of architects over and above the fox and the hedgehog.[1] We could reference and complement them, beyond Eisenman's classification, into those who have a practice and those who have a project.[2] ✚ Let us say then that there are two further types of architects: those who with each project bank on building the novelty of the movement— innovating—and who constantly push their own boundaries; and those who seek to give continuity to a handful of ideas, to be faithful to themselves, expanding on and developing their interests. The first type we might call a gambler, and the second a chess player. The former play with chance, their architecture is mutable, variable; the links between the projects,

1 En referencia al libro *El erizo y el zorro*, de Isaiah Berlin (Barcelona, Península, 2016), quien divide y clasifica al mundo en zorros y erizos, los que hacen sólo una cosa muy bien y los que hacen muchas no tan bien.
2 Conferencia *Project or Practice* dictada por Peter Eisenman en otoño de 2011 en la Universidad de Siracusa https://www.youtube.com/watch?v=TnyJRYyuhHU

1 In reference to Isaiah Berlin's book that divides and classifies the world into foxes and hedgehogs: those who do one thing very well and those who know how to do lots of things not very well.
2 *Project or Practice* lecture delivered by Peter Eisenman in Fall 2011 at the University of Syracuse https://www.youtube.com/watch?v=TnyJRYyuhHU

primer tipo de arquitecto lo llamaremos apostador; al segundo, ajedrecista. Los primeros juegan con el azar, su arquitectura es cambiante, variable, cuesta entender el vínculo entre sus proyectos, su posición. Los segundos tienen un plan, una estrategia, son consecuentes con su arquitectura y con ellos mismos. + Los arquitectos que juegan al ajedrez buscan construir una obra. Son hábiles para jugar con el tiempo. Una hora, un día, un mes o un año pueden significar casi lo mismo, pues no juegan en el tiempo de otros, no juegan a las tendencias o los vaivenes del azar, buscan, ante todo, así pierdan, jugar el juego de la secuencia estratégica de consumar su plan. El arquitecto ajedrecista nunca está de moda y nunca ha dejado de estarlo. Sabemos dónde encontrarlo, pues siempre ha estado en el mismo lugar. Cuando creemos que conocemos al jugador de ajedrez, sus trucos, manierismos, obsesiones y manías, éste nos demuestra, en su próximo movimiento, que la imagen que habíamos construido es incompleta e insuficiente, pues su juego, el del estratega, es precisamente salir airoso de cada laberinto personal en el que se introduce por voluntad, sin razón alguna, mientras arrastra con él su ego y mueve el límite de la disciplina, no sin antes llevar a cuestas la obsesión de construir el bienestar público. + Definir de manera crítica al arquitecto ajedrecista no es tarea fácil. Su persona se confunde con su hacer. Al hablar de su obra, nos deslizamos con facilidad hacia su carisma, sus pensamientos, su figura, y perdemos la distancia necesaria para entender o visualizar sus ideas, sus logros, su plan. ¿Qué tanto de lo prometido en las palabras del estratega es llevado a la práctica y ha resistido el abandono institucional, el desgaste del uso, el clima inclemente, la visita del arrogante que en su vida cotidiana ve el espacio como una infraestructura más en su itinerario de *flâneur* digital en busca de la esquiva *civitas*, del frágil urbanita? + Nuestro ajedrecista de la arquitectura tiene nombre, nacionalidad y edad. Se llama Felipe Uribe de Bedout y nació en Medellín, Colombia, hace 55 años. No tiene perfil en Facebook, tampoco en Instagram y menos en Pinterest. Seguramente no tiene la más mínima idea de qué es Snapchat. Su página web no está actualizada y es probable que le cuesta entender la lógica de estas redes. + Escribir de manera crítica sobre la obra de Felipe no es tarea fácil. Su obsesión por la sección, el detalle constructivo, el papel de la arquitectura en la ciudad, sus volúmenes como producto de acciones directas sobre los comportamientos cotidianos del habitante, así como el marcado interés en que la materialidad sea un bien público desde la calidad del ensamble o la fabricación técnica, nos dejan con varios extremos y fragmentos, insuficientes para hablar del conjunto. + Para Felipe, la planta es una figura con doble función, es arquitectura y urbanismo. Para que este propósito sea posible, la planta debe pagar una serie de peajes formales, como dejar de

their position, is hard to grasp. The latter have a plan, a strategy, are consistent in their architecture and with themselves. + Those architects who play chess seek to construct an oeuvre. They are skillful at playing with time: an hour, a day, a month or a year mean practically the same to them, for they do not play in time with others, they do not play with a concern for trends or for the vagaries of chance. Instead they seek before all else—and often lose as a result—to play the game of the strategic sequence of consummating their plan. The architect as chess player is never in fashion, has never gone out of fashion; we know where to find him, because he has always been in the same place, and just when we believe we know the chess player with his tricks, his mannerisms, his obsessions and his manias, he shows us in his next move that the image we had built up is incomplete and insufficient, for his game, that of the strategist, is precisely that of emerging unharmed from every personal labyrinth he voluntarily entered for no reason, while dragging his ego behind him, shifting the boundaries of the discipline, not without shouldering the obsession of building for the public wellbeing. + Critically assessing the chess-playing architect is no easy task, since his person merges into his oeuvre, and when talking about his work it is easy to slip into talking about his charisma, his ideas, his character, losing sight of the distance we need to understand or visualize his ideas and achievements: his plan. How much of what is promised in the words of the strategist is put into practice and has been able to weather institutional abandonment, the wear of use, the inclement climate, the arrogance of visitors who in their daily lives treat space as just another infrastructure on their itinerary as digital flâneurs in search of the fleeting *civitas*, the fragile *urbanità*? + Our chess-playing architect has a name, age and nationality. He is called Felipe Uribe de Bedout, and he was born in Medellin, Colombia 55 years ago. He has no profile on Facebook or on Instagram, let alone on Pinterest, and it is probable he has never even heard of Snapchat; his website is long out of date and he most likely does not understand the logic of these networks. + It is no easy task to write critically about Felipe's work. His obsession with the section, with the construction detail, with the role of architecture in the city, with his volumes as the outcome of direct interventions in the everyday behaviors of inhabitants, together with his marked interest in their material quality as a public good, in the quality of the joint and the technical fabrication, leaves us standing with a bunch of odds and ends that prove insufficient to talk about the complex whole. + For Felipe, the plan is a drawing that plays a dual role, it is both architecture and urbanism at the same time. But to make this intention possible, it must pay a series of formal prices, such as leaving aside specific forms and adopting overlapping forms that simulate visceral

lado las formas específicas y adoptar formas imbricadas que simulan impulsos viscerales. Pero la apariencia es una trampa y la realidad es otra. Estas formas son un agente especial encubierto, nos hacen creer que juegan sólo a la arquitectura y que operan así, pero no. En los edificios públicos, sus plantas organizan nuestra relación espacial del interior hacia el exterior, no al revés. Al mismo tiempo, Felipe construye y teje las dinámicas exteriores en función de la ciudad, siempre a costa de hacerse, en muchos casos, extremadamente formalista. Si la arquitectura moderna construye archipiélagos, la arquitectura de Felipe busca resarcir los puentes que la herencia moderna omitió: vincular, tejer, relacionar. En las casas,[3] la planta construye visuales pintorescas más cercanas a la idea de paisaje de los pintores románticos del siglo XIX, incluso a la idea de encuadre fotográfico, lo que Benjamin llama la acción fotográfica de "traer más cerca" para adueñarnos de los objetos o de lo que vemos, en la que el drama y la afectación de los sentidos son importantes para vivir la experiencia de lo sublime.[4] + La planta para Felipe es un manierismo desenfadado y lo introduce en la ciudad o en el paisaje como dispositivo de relacionamiento. No obstante, ésta nunca asume, necesariamente, el papel de la organización de la función en un sentido moderno. + Sus plantas no buscan relacionar o construir una autonomía formal, pues en términos arquitectónicos, en un sentido clásico, no están fundamentadas en un acercamiento tipológico ni compositivo. Sus plantas no son particularmente bellas, sus líneas se parecen más a órganos individuales que buscan cumplir una función específica, como señalar, enmarcar, acoger una banca o dar escala. Buscan funcionar más allá de un todo mecánico, pues su barroquismo forzado es producto de una obsesión por manipular lo que vemos por medio de los elementos específicos de la arquitectura, como ventanas, puertas, umbrales, grietas y estructuras, que llevan la planta a una idea de dispositivo poroso, contrario a un estado de organización racional constructiva. Estos *performances* geométricos de la forma existen para soportar la estrategia de implantación del todo en el tejido urbano como programa dinámico o en la construcción de la intimidad doméstica mediada por la experiencia del rito, de la visita memorable. + Sorprendentemente, a partir de la multiplicidad de relaciones, Felipe trata de construir desde el detalle constructivo hasta el lenguaje general del conjunto con sus gradientes de relación, que pueden ser la relación del peatón con el edificio en la ciudad o la construcción de nidos de intimidad que parten del calor de los materiales y los espacios limitados, no por excesivos sino por la búsqueda del confort en lo elemental, en lo mínimo requerido para habitar, en el

impulses. However, appearances deceive and reality is different. These forms are a kind of undercover special agent, trying to make us believe they are only playing at architecture and operate like this, but no. In public buildings, the floor plans operate and organize our spatial relationship from the interior outwards—and not the other way around—while also weaving the external dynamics in relation to the city, often at the cost of becoming highly formalist. If modern architecture builds archipelagos, Felipe's architecture seeks to restore the bridges that the legacy of modernism failed to include in the city: to connect, weave, and interrelate. In the homes,[3] the plans construct picturesque visuals that are closer to the nineteenth-century ideas of landscape of the Romantic painters or even the idea of photographic framing—what Benjamin called the photographic action of "bringing closer" to take possession of the objects or of what we see, where the drama and the impact on the senses is important to the experience of the sublime.[4] + For Felipe, the plan is a carefree mannerism that he introduces into the city or the landscape as a mechanism for establishing relations; but it never necessarily takes the role of organizing functions in a modern sense. His plans do not seek to relate or construct a formal autonomy, since architecturally they are not grounded in a classical typological or compositional approach. His plans are not particularly beautiful; the lines look more like individual organs that seek to fulfill a specific operation, whether of signaling, framing, situating a bench or providing scale. They seek to function as much more than a mechanical whole, since their forced Baroque character, the product of an obsession with manipulating what we see through specific architectural elements like windows, doors, thresholds, crevices and structures, make the plan more of a porous mechanism than a rational, constructive state of organization. These geometric "performances" of form exist to support the strategy of implementing the whole in the urban fabric as a dynamic program or in the construction of domestic intimacy mediated by the experience of ritual, of the memorable visit. + Surprisingly, it is on the basis of multiple relationships that Felipe aims to build, from the construction detail right up to the overall language of the complex, with their different degrees of relation. Whether it is the urban pedestrian in relation to the building or, in the case of domestic architecture, his constant quest is to build intimate nests based on the warmth of materials and spaces that are as small as possible, a quest for comfort in elementary situations, in the minimum required to make a nest, to inhabit. This approach emerges not from a Jesuit morality of austerity, of what is sufficient, but from an all-encompassing interest in

3 Casa Barrientos (2004), Casa Aylagas, (2005).
4 Walter Benjamin, *Sobre la fotografía*, Pretextos, traducción de Jose Millan Milanes, 2004.

3 Casa Barrientos (2004), Casa Aylagas, (2005).
4 Walter Benjamin, *On Photography*, trans. Esther Leslie. London: Reaktion Books, 2015.

caso de la arquitectura de lo doméstico. Esta acción se basa no en lo moral o en el sentido jesuítico de lo suficiente, lo austero, sino en el interés absoluto por definir lo doméstico en un momento en que lo íntimo tiende a ser vulnerado por el ritmo de lo eficiente y la cultura de lo vulgarmente público se instaura por la agitación colectiva sin límites de compartir la vida privada con extraños y conocidos. ✚ Felipe da igual valor material al interior que al exterior alrededor del edificio, expande los límites habituales de calificación material. Su obra oscila en una disyuntiva selectiva entre lo tectónico y lo estereotómico, la cual concilia al introducir de manera sofisticada la materialidad interior como extensión de lo público. Esto borra el límite y recalifica de manera excepcional el exterior —por lo general, degradado— con materiales de alta categoría, ajenos a lo común y lo barato, como es el estándar en estas culturas tropicales. ✚ Sus plantas definen zócalos urbanos larguísimos, como el edificio de soporte del Parque de los Pies Descalzos, en Medellín, el borde urbano de la Universidad Javeriana o el proyecto de la Universidad de La Sabana, estos últimos en Bogotá. Los zócalos pretenden mediar el espacio de lo indefinido, de la tensión necesaria del límite entre construir la ciudad y definir la arquitectura. ✚ El edificio no es sólo una pieza de arquitectura, busca ser un monumento y una parte fundamental de la ciudad, un elemento primario con la astuta ilusión de ser un monolito. De manera paradójica, termina siendo ambiguo y poroso, más cercano a una piedra pómez que a un dolmen milenario, por la lectura de los contextos en los que se inserta. ✚ Aunque la obra de Felipe es absolutamente contraria a la de Aldo Rossi, en términos formales y materiales, las estrategias de su arquitectura en la ciudad, a partir del papel de los edificios públicos, parecen haber absorbido en silencio una forzada educación de la década de 1980, en la que la lectura o relacionamiento con *la arquitectura de la ciudad* era un rito de pasaje obligatorio hacia la posmodernidad latinoamericana que, como muchas otras cuestiones, también llegó tarde pero fertilizó el campo de inmediato. ✚ Si la planta es esta convulsión de intereses urbanos y arquitectónicos, la sección es el estructurante más complejo en la espacialidad de la obra de Felipe. No sólo define el sentido interior, sino que, incluso en su manierismo más extremo, delinea su imagen pública y da forma a sus fachadas. Éstas y su lenguaje como tal son un producto calibrado hasta la obsesión, en un ajuste y forcejeo permanente de los milímetros técnicos que componen los materiales y sus posibles ensambles en un medio técnicamente arcaico. No es gratuito que pérgolas, voladizos inclinados y largas marquesinas sean una constante en su obra. La inclinación de las fachadas para el Parque de los Deseos, la biblioteca pública para Empresas Públicas de Medellín (EPM) y la marquesina del edificio para el Parque de los Pies

defining domesticity at a time when intimacy is losing out to efficiency, and a vulgar public culture prevails of sharing our private lives without limit, to strangers and acquaintances alike. ✚ Felipe ascribes equal value to the interior and the immediate exterior of the building, expanding the usual limits of material use. His work constantly oscillates between the tectonic and the stereotomic, in a selective disjunction, which he reconciles by cleverly introducing the interior materials as an extension of the public space, blurring the boundary and reevaluating, in exceptional fashion, the—usually disregarded—exterior with high-quality materials, distant from the cheap, standard materials that are commonly used in these tropical cultures. ✚ His plans define elongated urban plazas, such as in the case of the support building for the Parque de los Pies Descalzos (Barefoot Park) in Medellin, the urban boundary of the Universidad Javeriana, or the project currently under construction at the Universidad de la Sabana (these latter two in Bogota). These plazas seek to mediate the space of the undefined, that of the necessary tension between the limit of building the city and defining the architecture. ✚ The building is not only a piece of architecture, but seeks to be a monument and a fundamental part of the city, a primary element, with the crafty illusion of being a monolith, which paradoxically—as a result of the reading of the contexts in which they are inserted— ends up being ambiguous and porous, closer to a pumice stone than to an ancient dolmen. ✚ It is worth emphasizing that, formally and materially, Felipe's work is the opposite of Aldo Rossi's. The strategies for his public buildings seem to have silently absorbed an education from the 1980s, when reading *The Architecture of the City* was an obligatory right of passage for Latin American post-modernity, which like many other things arrived late but proved immediately fertile. ✚ If the *plan* is this convulsion of urban and architectural interests, then the *section* is the complex structuring factor in the spatial character of Felipe's buildings. It not only defines the interior layout but in its maximum expression defines the public image and shapes the façades. The façades and, therefore, the language are a product calibrated to the point of obsession with a constant adjustment and back-and-forth of the precise technical measurements of the materials and their possible means of assembly, though it is a technically archaic medium. It is not by chance that pergolas, inclined cantilevers and long awnings are a constant feature of his work. The sloping façades of the Parque de los Deseos, the public library for Empresas Públicas de Medellín, and the long awning of the building for the Parque de los Pies Descalzos are a product not only of the section and its interior spatial condition—articulating and making the transition between scales—but also a reading of the need to design shaded public space for the harsh tropical sun. ✚ For Felipe, design is a

Descalzos es resultado no sólo de la sección y su condición espacial interior —que articula y hace la transición entre escalas—, sino también de leer la necesidad de proyectar espacio público sombreado en el duro sol del trópico. ✚ Para Felipe el diseño es un instrumento totalizante, una sustancia maleable que puede operar en cualquier punto, lugar o escala. No hay diferencia entre un bordillo, un mueble, una puerta, un corte por fachada, una planta de cubierta o un plan maestro. Todo es susceptible de ser diseñado, fabricado, construido, habitado, para ser erosionado por la gente en su disfrute y búsqueda del sentido de lo público. Su manera de mirar, por ende, de hacer arquitectura, si bien busca tejer y ejecutar estrategias a largo plazo, tiene un método de diseño fundamentado en un riguroso proceso de observación de la vida cotidiana y en la elaborada transformación de ésta en arquitectura, pensada desde el detalle a partir de infinitos experimentos en escala 1:1 realizados en su taller. ✚ Felipe no es un intelectual de la arquitectura en el sentido académico. Es inexplicable que, dada su trayectoria, conocimiento y experiencia, no sea profesor en ninguna institución educativa. Tampoco ha ocupado cargos públicos vinculados con la ciudad y el diseño de estrategias para su transformación, a pesar de ser el pionero del diseño urbano en Medellín y en insertar una nueva cultura de lo público basada en la calidad material y la generosidad del espacio, en un momento en que las ciudades colombianas permanecían dormidas en un letargo de burocracia y carencia de infraestructura social pública de calidad. A mediados de la década de 1990, de la mano de arquitectos como Ana Elvira Vélez y Giovana Spera, y bajo el patrocinio y la inteligente gestión de Jorge Pérez Jaramillo, Felipe accedió por primera vez a un cliente ideal —EPM— para diseñar el Parque de los Pies Descalzos y sus estacionamientos.[5] Me atrevo a enunciar que a partir de este proyecto, con una nueva manera de ver la ciudad y el papel de la arquitectura, gracias al carácter de ajedrecista de Felipe, se empezó a construir la cultura de lo público, hoy reconocida en cientos de publicaciones que hablan de la transformación de Medellín. Sólo algunas narraciones e investigaciones rigurosas sobre el "fenómeno Medellín" recogen de manera completa los procesos históricos, nunca antes registrados en las versiones oficialistas, en los que se da crédito a Felipe por sus proyectos y el cambio de cultura que insertó, y a Pérez Jaramillo por su acción en la academia y su interés por abrir las puertas de la

totalizing instrument, a malleable substance that can operate at any point, place or scale; there is no difference between a curb, a piece of furniture, a door, a façade section, a roof plan or a master plan. For Felipe, everything is susceptible to being designed, manufactured, built, inhabited, in order to be worn away by people in their enjoyment of and search for meaning in public space. His way of looking and, therefore, of doing architecture—even if in the long term he seeks to weave together and execute strategies—his method of design is based on a rigorous process of observation of everyday life and an elaborate transformation of it into architecture that is intensely thought out in detail, based on countless experiments performed at a 1:1 scale in his studio. ✚ Felipe is not an architect-intellectual in the academic sense. Inexplicably, given his career, knowledge and experience, he does not currently teach in any educational institution. Nor has he occupied any public position related to the city and to designing strategies for its transformation. This is despite being a pioneer of urban design in his natural home of Medellin, and the first to insert a new culture of public space grounded in material quality and a generosity with regard to space at a moment when Colombian cities remain mired in a bureaucratic lethargy and a lack of quality public and social infrastructure. ✚ It was in the mid 1990s that Felipe, alongside other architects such as Ana Elvira Vélez and Giovana Spera, under the patronage and intelligent guidance of Jorge Pérez Jaramillo, encountered for the first time the ideal client in Empresas Públicas de Medellín (EPM), for the design of the parking lots and the Parque de los Pies Descalzos in Medellin.[5] I would go so far as to claim that it was as a result of this project— thanks to Felipe's chess-playing character—that a new way of seeing the city and the role of architecture began to construct the culture of public space that is now acknowledged in hundreds of publications that speak of the transformation of Medellin. Only a few of the more rigorous pieces of research and narratives on the "Medellin phenomenon" offer a full account of the historical process that took place, one that goes unrecorded in the official versions. These finally give credit to Felipe for his projects and the resulting change in culture, and to Jorge Pérez for his academic support and for opening the doors of the university to foreign influences and reflections on architecture and the city, so rare today and practically heroic in the turbulent times of the 1990s. ✚ To conclude and close

5 Jorge Pérez Jaramillo fue decano de la Facultad de Arquitectura de la Universidad Pontificia Bolivariana de Medellín, de 1993 a 2001. Durante su administración se tejió gran parte de la escena arquitectónica de Medellín reconocida hoy. Alrededor de la escuela se reunieron y relacionaron profesores jóvenes, entre ellos Alejandro Echeverri, Carlos Pardo, Carlos Mario Rodríguez y Ana Elvira Vélez, y alumnos ansiosos que más tarde trabajarían con ellos en el diseño de los proyectos emblemáticos de los años siguientes, durante las alcaldías de Fajardo, Gaviria y Salazar. También durante la gestión de Pérez Jaramillo se fundó el Laboratorio de Arquitectura y Urbanismo (LAUR), que se articuló con el proyecto para EPM, en el que coincidirían Uribe, Vélez y Spera.

5 Jorge Pérez Jaramillo was dean of the Faculty of Architecture at the Universidad Pontificia Bolivariana de Medellín (UPBM) from 1993 to 2001. During his term in office he helped to shape the architecture scene in Medellín as we know it today. Young professors gathered and interacted around the school, including Alejandro Echeverri, Carlos Pardo, Carlos Mario Rodríguez and Ana Elvira Vélez, with enthusiastic students who would later work with them on the design of emblematic projects, during the terms of mayors Fajardo, Gaviria and Salazar. Pérez Jaramillo also oversaw the founding of the Laboratorio de Arquitectura y Urbanismos (LAUR), which was connected with the project for EPM that saw Uribe, Vélez and Spera work together.

universidad a influencias y reflexiones foráneas sobre arquitectura y ciudad, tan escasas hoy y tan heroicas en aquellos años turbios. ✚ Para cerrar el círculo es preciso volver al ajedrez y finalizar un enunciado aún no explicado. ¿Por qué este texto se llama "Game 6"? ¿Qué relación tiene con la arquitectura de Felipe Uribe de Bedout? ✚ Era 1972. El campeonato mundial de ajedrez se disputaba en Reikiavik, Islandia, mientras la Guerra Fría impactaba el planeta entero. El campeonato enfrentaba a Bobby Fischer, de Estados Unidos, contra el campeón mundial Boris Spassky, de la desaparecida Unión Soviética. En un tiempo de propaganda política agresiva y oportunista, la prensa no dudó en denominar la contienda como el juego del siglo. De repente, todos se interesaron por el juego más cifrado del mundo. Richard Nixon llamó a Fischer, y Leonid Brezhnev a Spassky, añadían presión política a un juego de minorías. Ganar representaría la hegemonía mundial. Spassky, el campeón, defendía el título soportado por una maquinaria soviética de causa nacional, que invertía millones en sus jugadores. Fischer, con una personalidad que mezclaba genialidad y excentricidad, se buscaba un futuro a punta de juegos de ajedrez en una nación que seguro percibía ese deporte como pasatiempo de *nerds*, y no lograba liderar el juego. Para los norteamericanos, Fischer era una lotería que no habían comprado. El día del juego 6 su suerte cambió y con ella la historia del ajedrez. Fischer comenzó el partido con una ficha inexplicable, que desarmó a Spassky y a la prensa especializada. No sólo las fichas o la atención del planeta entero estaban en juego. Fischer se enfrentaba a sí mismo, se sobreponía a su historia personal, a la política y a la historia del ajedrez. Su estrategia no era hacer lo esperado, era sorprender, construir el final que sólo él conocía y tejer el camino hasta rodear a su oponente con un plan oculto más allá de las fichas y sus casillas negras o blancas, mientras le hacía creer que el juego era otro. Spassky se dio cuenta demasiado tarde. La partida no iba por donde creía y en la jugada 40, aún sin terminar el juego, Spassky descubrió lo que seguía, se levantó, felicitó a Fischer y se retiró. Un par de semanas más tarde, Fischer se coronaba como el primer campeón mundial de ajedrez de Estados Unidos, rompía la hegemonía soviética y alimentaba un mensaje promisorio de esperanza, más allá de la temible cortina de hierro. ✚ Pues bien, Felipe Uribe de Bedout ha jugado el juego 6 de la arquitectura en innumerables ocasiones. Diría que cada proyecto de Felipe alberga de alguna manera un fragmento de éste. Siempre paciente, sorprende a la audiencia al final de la partida y da significado y valor a la ciudad, a barrios o arquitecturas cuando nadie lo espera. Empezó a hacerlo desde su producción temprana, en el edificio El Ático (1996), uno de sus primeros proyectos, en el que fue contratado para agregar un piso a una casa existente. El resultado fue un edificio

the circle, opened right at the start of this text, we must return to chess and explain why this text is entitled Game #6. What does this have to do with the architecture of Felipe Uribe de Bedout? ✚ It was 1972: the world chess championship was being played in Reykjavik, just as the Cold War was being played out across the planet. The championship set Bobby Fischer of the United States against the world champion Boris Spassky of the USSR. At a time of aggressive and opportunistic political propaganda, the press had no hesitation in calling the world chess championship being played that summer the game of the century. Suddenly, the whole planet took an interest in the most coded game in the world; calls from Nixon to Fischer and from Brezhnev to Spassky upped the political pressure on a minority-interest game. Winning became a cipher for world domination. Spassky, the champion, was defending the title with the backing of the nationalist Soviet apparatus that invested heavily in its players: for the Soviets, Spassky represented an investment. Fischer, with a personality that was part genius, part eccentric, betting his entire future on a chess game in a nation that undoubtedly saw it as a pastime for nerds, represented a lottery ticket the Americans hadn't bought. Fischer opened the game with an inexplicable move, catching Spassky and the specialist press off-guard. It was not just the pieces on the board or the attention of the whole planet that was in play in this game. Fischer was confronting himself, overcoming his personal history, the politics and history of chess. His strategy was not to do the expected, but to surprise by constructing an end game that only he knew, weaving the route until he surrounded his opponent with a hidden plan that went beyond the pieces and their black or white squares, while making Spassky believe the game was elsewhere. Spassky sees too late that the game isn't going where he thought it was and, at turn number 40 and with the game unfinished, Spassky realizes what is coming, stands up, congratulates Fischer and capitulates. From that moment on everything changed. A couple of weeks later, Fischer was crowned the first world champion from the United States, breaking the Soviet domination of the game and nourishing a promising message of hope beyond the terrible iron curtain. ✚ Well, Felipe Uribe de Bedout has played Game #6 of architecture countless times, I would even say that each of Felipe's projects contains a fragment of it, always patiently waiting to surprise the public at the end of the game, and giving meaning and value to the city and to different neighborhoods or architectures when it is least expected. He did it early on in the production of one of his first projects— the Ático Building (1996)—when he was hired to simply add one floor to an existing house. The result was a six-story, multi-purpose building and a new way of understanding the possibilities of flexible floor levels. ✚ The space we know today as the Parque de

de seis pisos, de usos múltiples, con el que expuso una nueva manera de ver las plantas flexibles y sus posibilidades. ✚ El espacio que hoy conocemos como Parque de los Pies Descalzos (1998) fue en su origen un encargo de estacionamiento público para EPM, que acabó en un parque con un edifico de soporte comercial y museo del agua. Éste fue el primer proyecto de espacio público de calidad en la ciudad, que instauró una nueva manera de hacer y entender la materialidad de lo público con materiales de altísima calidad, como el mármol royal veta. El lugar anima a sus usuarios a quitarse los zapatos y caminar por superficies inhóspitas, como era el mismo sitio hace ya 20 años. ✚ Lo que hoy conocemos como Parque de los Deseos (2000) fue un encargo que consideraba una pequeña remodelación para el Planetario de Medellín. En esa ocasión, Felipe propuso hacer un estacionamiento como complemento del proyecto. Al final, hubo dos proyectos, un parque y un edificio que siempre aparentó ser un estacionamiento en altura, pero que desde el principio fue concebido con alturas libres, amplias circulaciones y estructura espacial suficiente para ser una escuela de música. El edificio es hoy la sede de la red de bandas de música clásica de la ciudad. La idea de estacionamiento fue eliminada y el Planetario no sufrió ninguna intervención. ✚ Felipe desplegó una jugada más en el concurso para la ampliación de la Universidad de La Sabana, en Bogotá (2014). Se pedían cuatro edificios, que serían construidos por etapas. Con el riesgo que implicaba, Felipe presentó un solo volumen cuya longitud sumaba la de los cuatro. Creó uno de sus zócalos urbanos y redujo todo a un edificio que se erigiría en una etapa. Esto colocó al cliente en una situación no imaginada. El resultado: Felipe ganó el concurso y un nuevo edificio está en construcción. ✚ El juego de Felipe nunca termina. Con sus estrategias reinventadas constantemente y la continuación de su proyecto, ha transformado la ciudad en los últimos 20 años, en silencio, fuera de las portadas de revistas o las invitaciones académicas. Desde su taller en medio del campo y la naturaleza, ha construido un tablero que sólo él domina, en el que coinciden la obsesión personal con el firme objetivo de construir bienestar público. La obra de Felipe, por ser la expresión de su carácter, demuestra que el arquitecto se hace necesario en la sociedad cuando comprende los retos de la disciplina y cuestiona el fondo de la arquitectura social, precisamente por no hablar de lo social como su razón de ser. ✚ La obra de Felipe sólo tiene un propósito: construir espacios abiertos para todos e insertar la noción de lo colectivo en nuestra vida cotidiana, para que en estas sociedades fragmentadas y polarizadas podamos encontrar afuera tejido común, hasta el punto en que el nombre del arquitecto se haga desconocido.

los Pies Descalzos was originally a commission to build surface public parking lots for EPM (1998). The result, a park, together with a retail building supporting the park and a Museum of Water, made it the first quality public space project in the city. It established a new way of doing things, of treating public space with very high quality materials, such as veined marble. This encouraged users to take off their shoes, to walk barefoot in what 20 years earlier had been one of the most inhospitable parts of the city. ✚ What is now known as the Parque de los Deseos (Park of Desires) was a commission assigned to Felipe to carry out a minor refurbishment of Medellin's planetarium (2000). On this occasion, Felipe proposed creating a parking area for the planetarium as a complement to the project. The final result was two projects, a park and a building—which always looked like a multi-story parking garage—but was conceived from the start with free ceiling heights, ample circulation and sufficient spatial structure to function as a music school, a building that today is the base for the city's network of classical music groups, completely eliminating the idea of the parking garage, and making no intervention at all into the planetarium. ✚ One more move: the competition to expand the Universidad de la Sabana in Bogota (2014) sought four buildings to be built in phases. In a masterful play, Felipe presented a single building with the length of four buildings added together, risking everything, inventing one of his Urban Plazas, reducing everything to a single building, built in a single phase, placing the client in a new, unexpected situation. The result: the winner of the competition, and a new building currently under construction. ✚ Felipe's game never ends. With his continually reinvented strategies and his ongoing project, he has silently transformed the city in the past twenty years, outside of magazine covers or academic invitations. From his studio amidst the greenery of the countryside, he has built a playing board that only he masters, one on which his personal obsession coincides with the determination to build the public good. The work of Felipe, as the expression of his character, simultaneously demonstrates that the architect becomes socially necessary when he understands the challenges of the discipline and questions the backdrop to "social architecture," precisely because it does not treat social benefit as its raison d'être. ✚ Felipe's work has a single purpose: to build spaces open to all and to insert the idea of the collective into our everyday lives, so that in the fragmented and polarized societies of today we can encounter each other outside, in a shared social fabric, to the extent that the very name of the architect goes unknown.

Testimonio | reflexiones | consideraciones

Felipe Uribe de Bedout

Testimony | Reflections | Considerations

Aclaraciones | apreciaciones del oficio. Ejerzo la arquitectura porque me gusta pensar que actúo como un galeno humanista que vela por la salud del cuerpo, la mente y el espíritu de los moradores. Porque el espacio que surge de una reflexión profunda es el único y verdadero antídoto contra la implacabilidad de la prisa-tiempo amenazante, porque la edilicia es una forjadora formidable de cultura cívica, y por último, porque no sé hacer otra cosa con tanta pasión y de manera tan concienzuda.

Confesiones y anotaciones sobre el proceso de diseño. Cuando pienso en el edificio de carácter cívico, procuro restringir la complejidad de su planta. La configuro como un tablero contenido dentro de límites muy reconocibles, que facilitan la orientación tanto de su morador atento, como del transeúnte desprevenido. **+** Intento, por lo general, que su huella se presente bastante abstracta e inocente, casi autista, por señalar su capacidad comunicativa. Es silenciosa cuando se le aprecia, pero siempre está sometida a la enorme tensión que ejercen sobre ella las secciones, aún no visibles. La planta, en su aparente mutismo, procesa con mucha cautela la responsabilidad que se le exige como instrumento organizador de la variada secuencia de las secciones. El ritmo de esta secuencia de cortes es el responsable de asegurar la complejidad espacial y garantizar una grata sorpresa vivencial a sus habitantes. La experiencia del morador, a medida que deambula por los meandros espaciales de la edificación, debe ser capaz de afectar con

Clarifications | observations on the profession. I practice architecture because I like to think that I act as a humanist physician who watches over the health of the body, mind and spirit of the inhabitants. Because the space that emerges from a deep reflection is the sole true antidote against the implacability of the threatening hurry-time, because construction is a formidable builder of civic culture, and finally, because I do not know how to do anything else with such passion and so conscientiously.

Confessions and notes on the design process. When I think about a civic building, I seek to restrict the complexity of its floor plan. I configure it like a game board contained within easily recognizable limits, which facilitate the orientation of both the attentive local and the unsuspecting passer-by. **+** In general, I try to make sure the layout appears fairly abstract and innocent, almost autistic, in signaling its communicative ability. It is silent when observed, but always subject to the huge tension exerted on it by the as-yet-unseen sections. The apparently mute floor plan cautiously processes the responsibility laid on it as an organizing instrument of the varied sequence of the sections. The rhythm of this sequence of cross-sections is responsible for ensuring spatial complexity and providing a pleasant surprise for those who inhabit it. The experience of the inhabitants, as they move through the spatial meanders of the building, should be able to deeply affect their mood and their behavior. **+** I don't think

profundidad su estado anímico y su comportamiento.
+ Pienso que la geometría de este plano base no debe anunciar de manera estrepitosa un itinerario forzado. Por el contrario, debe presentarse permisivo y ofrecer travesías múltiples que eviten un sentimiento incómodo de extravío. Si bien la planta, con su trazo de los recintos, presenta compartimientos, su lectura debe ser fácil y orientadora. A simple vista parece escueta y monótona, y de ella emanan algunos interrogantes inquietantes: ¿qué de interesante tiene esta planta? ¿Qué riqueza puede presentar este proyecto? **+** Estas preguntas incómodas retumban en mi cabeza con recurrencia durante el proceso de diseño y a veces alcanzan un nivel perturbador que exige demasiado para sostener la premisa de contención autoimpuesta. Abstenerse resulta muy doloroso por momentos, pero la convicción de que la sección sostiene la máxima responsabilidad de dar a una edificación de buena arquitectura me da serenidad, es lo que me permite meditar con profundidad sobre la doble realidad con la que se dotará a la obra: "un objeto puro es un objeto inexistente, lo irreal".[1] **+** En la definición de la planta, tarea de razón rigurosa y estructurante, empleo casi en su totalidad una envolvente rígida que sostiene su espesor homogéneo. En cambio, para la sección me parece indispensable trabajar con una envolvente elástica que responda al mismo tiempo a las demandas del contenedor y del espacio contenido. Esta envolvente elástica permite que sus cuerdas exterior-superior e interior-inferior obedezcan a dos exigencias espaciales que posibilitan dos lecturas, a veces interesantemente contradictorias. Esta envolvente elástica o *plenum moldeante elástico* siempre presenta dos membranas sometidas a tensiones superficiales diferentes, según la función que desempeñan. Para efectos de comprensión conceptual, este espacio entre las dos cuerdas o membranas se asume como un sólido. Así, el cuerpo seccionado del edificio asemeja un instrumento musical diseccionado. Las nociones de socavado y fluidez espacial son evidentes y manifiestas con su performatividad eficaz. La lectura que debe arrojar es que nada en su contextura es inoficioso. Desde el punto de vista constructivo, vale aclarar que el *plenum moldeante elástico* puede ser aeróbico —su intersticio es un espacio vacío que permite el paso de instalaciones— o macizo —su intersticio forma parte integral de la estructura portante—. Cuando es macizo, se puede decir que una musculatura consistente da forma al espacio. En el caso aeróbico, el espacio es modelado por un tejido cartilaginoso. En síntesis, el *plenum moldeante elástico* es el responsable principal de la mediación entre la epidermis y la dermis del edificio, siempre opera como una sustancia intersticial capaz de sostener una bilectura de la arquitectura, una especie de doble personalidad controlada, en la que lo inesperado es un factor preponderante. **+** Si bien este espesor heterogéneo de las envolventes puede ser

the geometry of this basic plan should noisily announce an obligatory itinerary. To the contrary, it should be permissive, offering multiple routes that avoid an uncomfortable sense of getting lost. Even if the plan presents different compartments, as it sets out the various enclosed areas, it should be easy to read and orient oneself. At a first glance it seems scant, monotonous, and gives rise to worrying questions: what is interesting about this plan? What richness can this project offer? **+** These uncomfortable questions often resound in my head during the design process, and sometimes reach a disturbing level that demands too much to be able to sustain the premise of self-imposed containment. Abstaining is too painful at times, but the conviction that the section bears the greatest responsibility for endowing good architecture to a building keeps me calm, and is what enables me to reflect in depth on the dual reality ascribed to the finished work: "a pure object is a non-existent object, unreal."[1] **+** In designing a floor plan, a rigorous, structuring task, I make almost sole use of a rigid enclosure that holds up its homogenous thickness. By contrast, for the section I find it indispensable to work with an elastic enclosure that responds to the demands of both the container and the space contained. This elastic enclosure permits its exterior-higher and interior-lower chords to obey two spatial demands that enable two readings, sometimes contradictory in interesting ways. This elastic enclosure or *elastic casting plenum* always presents two membranes subject to superficially different tensions, according to the function they perform. For purposes of conceptual understanding, this space between the two chords or membranes is treated as a solid. Therefore, the body of the building in cross-section resembles a dissected musical instrument. The notions of hollowing and spatial fluidity are evident and manifest with its effective performativity. The reading it should throw up is that nothing in its frame is without use. **+** From the point of view of construction, it is worth clarifying that the *elastic casting plenum* can be aerobic (the interstice is an empty space that can be occupied by the building's services) or solid (the interstice forms an integral part of the load-bearing structure). When it is solid, we might say that a consistent musculature shapes the space. When it is aerobic, the space is modeled by a cartilage-like weave. In short, the *elastic casting plenum* is the principal form of mediation between the epidermis and the dermis of the building, operating as an interstitial substance that is capable of sustaining a dual reading of the architecture, a kind of controlled dual personality, where the unexpected is a prevailing factor. **+** If this heterogeneous thickness of the enclosures can be invisible for the inhabitant in most cases, I have complete faith in their

---

1 Antonio Millán-Puelles.

1 Antonio Millán-Puelles.

invisible para el habitante en la mayoría de los casos, estoy convencido de su percepción inconsciente. El peso de la materia y el volumen entre ellas ejercen siempre una presión sobre la atmósfera que afecta los sentidos. Quien deambula sin prisa por el contorno y el interior del edifico se percata, sin duda, de este espesor *moldeante* adicional. Este *plenum* o tejido conjuntivo participa plenamente de la cohesión de los espacios tanto exteriores como interiores: su función superlativa es operar como sostén del sistema de vacíos del edificio y apalancar la necesaria función de sorprender. ✦ Procuro siempre que la secuencia espacial desarrollada proporcione de manera enfática una continuidad visual que deje a sus moradores hacer una lectura bifocal del entramado espacial. Una estrategia seccional que facilite la identificación detallada e inmediata del recinto que ocupa o habita y una compresión general de los otros espacios aledaños o distantes. Los vacíos entre las plantas y secciones garantizan una profundidad de campo eficaz, que proporciona una grata sensación de totalidad y hace posible planificar el itinerario a seguir. Esta posibilidad de escogencia le confiere a quien deambula una sensación estimulante de libre albedrío, condición necesaria de un verdadero espacio cívico. Esto se suma a un cambio continuo en las proporciones del espacio, que ofrecen una variedad de escalas de intimidad y hacen que las actividades se desvelen en capas sucesivas para despertar la curiosidad e incentivar la participación en otras actividades que no estaban agendadas en primera instancia. Para lograrlo, los trucos visuales o la manipulación de perspectivas son muy eficaces. ✦ Estas perspectivas vinculantes exteriores e interiores son encauzadas, en su mayoría, por el *plenum moldeante flexible* para conseguir una comunicación espacial integral. Con estas interacciones y continuidades entre recintos y valores reales y virtuales, se genera una condición vivencial muy necesaria para la activación efectiva de un edificio de carácter cívico. El instrumento edilicio responde al concepto de lugar de emplazamiento, que abarca lo geográfico y lo cultural, y rehúye una mirada miope del lote o sitio de construcción. ✦ Ver y ser visto es la condición por excelencia del espacio participativo. Este voyerismo programado y facilitado por el proyecto ofrece una experiencia relacional rica en oportunidades para descubrir o participar en hábitos y ritos de forma espontánea. En este concierto de fugas ópticas, la vocación cultural de cada actividad es expuesta al máximo. Tanto en el interior como en el exterior del edificio, este contenido cultural se expone por medio de urnas, vitrinas, escaparates o estanterías. ✦ Entiendo la sección del edificio como el resultado de una estudiada y precisa sumatoria de conos visuales, que acercan y alejan recintos y actividades de forma premeditada. La perspectiva se incorpora al proyecto como una valiosísima materia prima de diseño. Los espacios del edificio no se dejan en manos de la

unconscious perception. The weight of the material and the volume contained between the inner and outer surfaces always exert a pressure on the atmosphere that impacts on the senses. Anyone taking their time to walk between the outline and the interior of the building notes this additional *casting* thickness. This *plenum* or connective tissue fully participates in the cohesion of both external and internal spaces: its superlative function is to operate as a support for the building's system of voids and to leverage the necessary function of surprising. ✦ I always aim for the unfolding spatial sequence to emphatically provide a visual continuity that leaves its inhabitants to make a bifocal reading of the spatial framework. A sectional strategy that facilitates the detailed and immediate identification of the site it occupies or inhabits and a general comprehension of the other adjacent or distant spaces. The voids between the plans and sections secure an effective depth of field that provides a pleasant sense of totality and makes it possible to plan the route to follow. This possibility of choosing offers users a stimulating sense of free will, a necessary condition for any true civic space. This is added to a continuous change in the proportions of the space, which offer a variety of degrees of intimacy and lead activities to be revealed in successive layers, awakening the curiosity and incentivizing the participation in other activities not initially planned. Visual tricks or the manipulation of perspectives are very effective to achieve this. ✦ These exterior and interior binding perspective are channeled, for the most part, by the *flexible casting plenum* to achieve an integrated spatial communication. With these interactions and continuities between enclosures and real and virtual values, an experiential condition is generated that is very necessary to the effective activation of a civic building. The constructive instrument responds to the concept of site of emplacement, which encompasses the geographic and cultural aspects, and shies away from a myopic view of the construction lot or site. ✦ Seeing and being seen is the condition par excellence of participatory space. This voyeurism that is both programmed and facilitated by the project offers a relational experience that is rich in opportunities to spontaneously discover or take part in habits and rituals. In this concert of optical vanishing points, the cultural vocation of each activity is exhibited to the full. Both inside and outside the building, this cultural content is exhibited through glass cases, showcases, shop windows or shelves. ✦ I understand the cross-section of the building as the result of a studied and precise summation of cones of vision, which bring different spaces and activities closer and farther away in a premeditated fashion. Perspective is incorporated into the project like the most prized raw material of design. The building's spaces are not left

deformación visual o distorsión de la perspectiva no manipulada. Siempre he estado convencido de la pertinencia de construir imperfecto-inclinado para ver perfecto-recto, recurso de refinamiento técnico o corrección usado a la perfección en el Partenón de Atenas o el Templo de Apolo en Naxos, o de construir fugado para acercar o alejar un objeto, como lo hizo Borromini en su trampantojo de la Galería Spada. ✦ El *plenitorium* o conjunto del *plenum moldeante* tiene la responsabilidad de brindar al habitante la posibilidad de percibir la mayoría de recintos como una especie de nidos multiescalares, aptos para resguardarse o alojarse, condiciones más espirituales que el simple habitar u ocupar un espacio. Como precepto teórico, sostengo que *en la planta siempre estaremos habitando en la sección, siempre anidando.* ✦ Los planos inclinados son casi siempre omnipresentes en las secciones que medito y más ausentes o discretos en las plantas de los edificios cívicos, situación inversa en el desarrollo de las plantas de viviendas aisladas. La razón de emplearlos como recurso de proyección se debe en particular a su capacidad de guiar o conducir. Estas diagonales me resultan trazos más naturales y eficaces para llevar y encaminar sutilmente el flujo de personas, de la luz, del aire, de las visuales y del sonido. ✦ Sin duda, siento que estas fugas facilitan la fluidez espacial y de manera cómoda dan lugar a una profunda apropiación por parte de los visitantes, habitantes, moradores y *anidadores.* ✦ En el empleo cuidadoso del *plenitorium* se formula una arquitectura que opera como un instrumento de precisión para encauzar un comportamiento humano premeditado. A partir de esta premisa, me siento muy cómodo al verme a mí mismo como un *luthier* interesado en que el instrumento que construye obedezca más a la personalidad y calidad del sonido que desea emitir, que a la apariencia del objeto. Cuando reflexiono sobre un proyecto, me gusta anteponer la acción del verbo al sustantivo de la forma. La actividad que conlleva un ritual, por simple que sea, siempre me parece digna de observación y estudio. Facilitar los acontecimientos debe ser una prioridad de la arquitectura. ✦ Creo que en la arquitectura nada debe ser "una máquina para vivir", pero sí creo con firmeza que casi todo en ella debe ser un instrumento para interpretar-*performar*. El encanto de los instrumentos es que, además de servir a la perfección para lo que fueron diseñados, guardan un número infinito de alternativas y quien los opera puede interactuar de manera creativa con ellos. Las máquinas, en cambio, están diseñadas para hacer una operación repetitiva y sistemática. En este caso, quien las opera es un simple observador de la acción. ✦ Una vez afinado el instrumento vivencial busco un resultado formal que no rehúse una tectónica vigorosa y monolítica. Estas dos preocupaciones conjugadas hacen que el desarrollo del espacio programático en el interior del edificio parezca más una acción de sustracción o excavación que de adición. Así, los

in the hands of visual deformation or distortion by unmanipulated perspective. I have always firmly believed in the importance of building with imperfect slopes in order to see perfect straights, a technical resource of refinement or correction used to perfection in the Parthenon in Athens or the Temple of Apollo at Naxos, or of building with forced perspective to bring an object nearer or make it appear farther away, as Borromini did with his trompe l'oeil Galleria Spada. ✦ The *plenitorium* or set of the *casting plenum* has the responsibility of providing the inhabitant with the possibility of perceiving most of the enclosures as a kind of multi-scaled nests, suitable for shelter or lodging, more spiritual conditions than simply inhabiting or occupying a space. As a theoretical precept, I maintain that *in the plan we will always be living in the section, always nesting.* ✦ Sloping planes are almost omnipresent in the sections I design, but absent or discrete in the floor plans of the civic buildings, unlike in those of the private dwellings I have designed. The reason for using them as a design resource is above all due to their capacity for guiding or leading. These diagonals are the most natural and effective lines for subtly carrying and directing the flow of people, of light, of air, of visuals, and of sound. ✦ Without doubt, I feel that these perspectives facilitate spatial fluidity and comfortably make way for a full appropriation of the space by visitors, inhabitants, dwellers and *nesters.* ✦ In the careful use of the *plenitorium* an architecture is formulated that operates like a precision instrument to channel a premeditated human behavior. Starting from this premise, I feel very comfortable with the image of myself as a *luthier* more concerned with ensuring his instrument obeys the personality and warmth of the sound he wants it to emit, than with the appearance of the object. When I reflect on a project, I like to put the action of the verb before the noun of the form. The activity that a ritual entails, however simple it is, always seems to me worthy of observation and study. Facilitating events should be one of the priorities of architecture. ✦ I believe that in architecture nothing should be "a machine for living," but I do firmly believe that almost everything should be an instrument for interpreting-performing. The enchantment of musical instruments is that, as well as serving to perfection the function they were designed for, they contain an infinity of options and whoever plays them can interact creatively with them. Machines, by contrast, are designed to perform a repetitive, systematic operation. In this case, the operator is a simple observer of the action. ✦ Once the instrument for living has been tuned I seek a formal result that does not shy away from a vigorous, monolithic tectonics. These two joint concerns lead the development of the program space inside the building to resemble an action of subtraction or

recintos interiores provienen más de un concepto de socavado y el volumen se aleja de parecer un organigrama o plano extruido, resultado de un ejercicio de composición —no deja de sorprenderme que en las escuelas de arquitectura aún insistan en impartir cursos de composición—. **+** La definición volumétrica no puede ser sino un resultado de la performatividad urbana que desempeña la obra y de su integración con el contexto. Me interesa que el proyecto se presente rotundo, pero considerado con el confort de los ciudadanos. Me gusta pensar que el resultado formal del edificio, igual que un paraguas, no puede ser de otra forma para que se desempeñe bien. Para consolidar estas premisas, el desarrollo del entramado portante o solución estructural del edificio es crucial y es responsabilidad conceptual del arquitecto, no transferible al ingeniero. **+** Intento siempre que las fachadas fugadas o *faleros* —fusión de fachada con alero— salgan a conformar un espacio intermedio, un umbral profundo de aproximación gradual entre el exterior y el interior, que atenúa el espectro lumínico. Por lo general, para su correcto desempeño se requieren *malabarismos antigravitacionales* de la sección portante. El edificio en su contorno debe encarnar sin restricciones el papel de anfitrión. Le interesa comportarse como una construcción hospitalaria que invita, recibe, protege y recrea a quien se aproxima a ella. La variable climática también es materia prima valiosa e indispensable. Proteger del sol y el agua al transeúnte es una premisa categórica. El visitante debe acercarse al edificio de la misma manera en que se arrima a un refugio natural. Me identifico con el refrán "el que a buen árbol se arrima, buena sombra lo cobija", que resalta la idea de que quien se acerca y convive con buena compañía se impregna de bienestar. La estrecha simbiosis entre la morada y el morador es lo que realmente le proporciona el carácter de nido a los recintos. **+** Ni más ni menos, sólo lo indispensable para que el edificio opere como un escenario y no como actor. Paraguas-árbol-escenario-vitrina-mirador, así puede resumirse la vocación primordial del edificio cívico. A mi juicio, no debe representar, sólo debe buscar interactuar y materializarse de preferencia monolítico, monocromático y sombrío, siempre a la espera de la activación lumínica y programática. Su volumen, lo más cercano a una abstracción primigenia de valor atemporal —tótem, estela, obelisco, cipo, dolmen, túmulo—, debe ser una marca indeleble en el paisaje, un icono amable con el hombre que representa un sistema operativo particular. **+** Monumento y casa, conmemorativo e íntimo, un *event place* que asegure que se cumplirá el precepto que sostengo y por el cual me guío: la arquitectura cívica es a la cultura urbana lo que el encofrado es al concreto armado.

Categorización o definición de un tipo de arquitectura. Podría atreverme a decir que la arquitectura que aliento e impulso en +UdeB

excavation more than one of addition. Thus, the interior spaces come more from a notion of hollowing out and the volume is far from resembling an extruded flowchart or plan, the result of an exercise in composition—it never ceases to amaze me that in architecture schools they still insist on teaching composition courses. **+** The volumetric definition cannot be anything other than the result of the urban role played by the building and its integration into its context. I am interested in the project having a certain presence, but taking into account the comfort of citizens. I like to think that the formal result of the building, like an umbrella, could not take any other shape for the purpose it fulfills. To consolidate these premises, the development of the load-bearing framework or structural solution of the building is crucial, and is the architect's conceptual responsibility, one that cannot be transferred to the engineer. **+** I always aim for the perspectival façades or what I call *faleros*—a fusion of a façade with an *alero* (a wing)—to emerge to shape an intermediate space, a deep threshold that gradually brings together the outside and inside, attenuating the light spectrum. In general, for their correct performance *anti-gravity legerdemain* is required on the part of the load-bearing section. The outline of the building should embody the role of host without restriction. It cares about behaving as a hospitable construction that invites, receives, protects and entertains those who approach it. The variable of climate is another valuable and essential raw material. Protecting pedestrians from the sun and the rain is a categorical premise. The visitor should approach the building in the same way as they seek out a natural refuge. I identify with the saying "he who looks for a good tree, finds good shade," which suggests that whoever seeks out and shares good company is filled with wellbeing. The close symbiosis between dwelling and dweller is what really provides spaces with their character as nests. **+** Neither more nor less, only what is essential for the building to operate as a stage and not as an actor. Umbrella-tree-stage-showcase-lookout, this is how we can summarize the primary vocation of the civic building. In my opinion, it should not represent, it should only seek to interact and materialize itself preferably in a monolithic, monochromatic and somber manner, always waiting for the activation of light and program. In terms of its volume, it should be the closest thing to a primitive abstraction of timeless value: totem, stele, obelisk, milestone, dolmen, tumulus. It must be an indelible mark in the landscape, a user-friendly icon that represents a particular operating system. **+** Monument and home, commemorative and intimate, an "event place" that fulfills the precept I uphold and am guided by: civic architecture is to urban culture what the formwork is to reinforced concrete.

Arquitectos es una *arquitectura de secuencia seccional estratégica* o sólo *arquitectura estratégica*. Una arquitectura que se ahínca de manera contundente en un lugar para establecerse, que si tuviera que presentarse a sí misma diría: "estoy aquí para quedarme, pero no sin reconfortarte primero". Una en la que alentar-animar, consolar-tranquilizar y fortalecer-vivificar son la base de su performatividad o interacción con la comunidad y el contexto. Una arquitectura que dota a sus edificios de suficientes "armas" o *dispositivos operativos* para defenderla del olvido, la indiferencia, el abandono, la inactividad, el desuso, el deterioro prematuro y la destrucción precoz. Una arquitectura cuyo proceso entiende y se apropia conceptualmente de la técnica de moldeo a la cera perdida y del negativo. **+** Una arquitectura cívica atemporal, memorable, interactiva y amigable, que se presenta con una variedad de escalas que permiten tanto la experiencia íntima como la colectiva, que aboga por una participación comunitaria inclusiva y de convivencia, que sólo encuentra su validación cuando el público se apropia de ella en su cotidianidad o en medio de actividades extraordinarias. Una arquitectura civilizada, cortés, educada, que busca refinamiento tectónico para avanzar, progresar; para poder cultivar, refinar, instruir y recrear a sus moradores o apaciguarlos, en el caso de una cultura urbana de extrema violencia. Una que se preocupa, se interesa y se esfuerza por cumplir con sus obligaciones para con la comunidad y la profesión. Una arquitectura dispuesta a servir, pero también a inspirar, seducir, encantar, fascinar, cautivar; que se esmera por procurar atmósferas evocadoras y que no se avergüenza de usar estrategias o trucos de ilusionistas, malabarismos estructurales y algo de ocultismo.[2] **+** Una arquitectura que se aleje de un repertorio común y corriente, ya conocido y divulgado en el medio; que no refleje o represente lo oficial, lo gubernamental, lo estatal o lo administrativo —lo público— y que, por el contrario, intente aportar una tipología innombrable, en cuyo caso advierte la aparición de una innovación. Una tipología permisiva y permeable que, con numerosas puertas de acceso, rasgaduras y oquedades, invite de manera inequívoca a entrar y permanecer, a interactuar con la ciudad y el contexto. Una arquitectura con carácter, con personalidad, que no busca camuflarse y que quiere servir de plataforma visual o mirador para exaltar la geografía y el paisaje, condición más perenne que la arquitectura: "el arte debe esforzarse de nuevo por formar parte de la experiencia cotidiana. Los pintores, escultores y arquitectos deben concebir su trabajo como parte del mundo".[3]

Categorization or definition of a type of architecture. I could go so far as to say that the architecture I encourage and foster at +UdeB is an *architecture of strategic sectional sequence* or simple *strategic architecture*. An architecture that decisively sets down roots in a place to establish itself, that if it had to introduce itself to itself would say: "I'm here to stay, but not without comforting you first." One in which encouraging-inspiring, consoling-reassuring and strengthening-enlivening underpin its performativity or interaction with the community and the context. An architecture that endows its buildings with enough "arms" or *operative mechanisms* to defend itself from forgetting, indifference, abandonment, inactivity, disuse, early deterioration and premature destruction. An architecture whose process understands and conceptually appropriates the technique of lost-wax casting and the negative. **+** A timeless, memorable, interactive and user-friendly civic architecture that presents itself on a variety of scales that allow both for private and collective experience, that fosters an inclusive community participation and coexistence, that only finds its validation in the public's appropriation of it in their daily lives or through extraordinary activities. A civilized, courteous, polite architecture that seeks tectonic refinement to advance and progress, to be able to cultivate, refine, instruct and entertain its occupants, or calm them, in the case of an urban context of extreme violence. One that concerns itself, interests itself and makes an effort to meet its obligations with the community and the profession. An architecture ready to serve, but also to inspire, seduce, enchant, fascinate, captivate; that strives to procure evocative atmospheres and is not ashamed to employ the strategies or tricks of illusionists, structural sleight of hand and something of the occult.[2] **+** An architecture that distances itself from a common and everyday repertoire, well known and widespread in the field; that neither reflects nor represents the official, governmental, state or administrative aspect of the public but to the contrary seeks to introduce an unspeakable typology, warning of the appearance of an innovation. A permissive and permeable typology that, with multiple points of access, cuttings and hollows, unequivocally invites people to enter and to stay, to interact with the city and the context. An architecture with character, with personality, that does not seek to camouflage itself and that seeks to function as a visual platform or lookout to enhance the geography and the landscape, a condition more perennial than architecture: "art must strive again to become part of daily experience. It seems, therefore, that painters, sculptors, and architects must conceive their work—as part of the world."[3]

2 *El arte es engaño*, William Ospina.
3 Frederick Kiesler.

2 *El arte es engaño*, William Ospina.
3 Frederick Kiesler.

Plenum moldeante tiene la responsabilidad de brindar al habitante la posibilidad de percibir la mayoría de recintos como una especie de nidos multiescalares, aptos para resguardarse o alojarse, condiciones más espirituales que el simple habitar u ocupar un espacio. Como precepto teórico, sostengo que *en la planta siempre estaremos habitando en la sección, siempre anidando.*

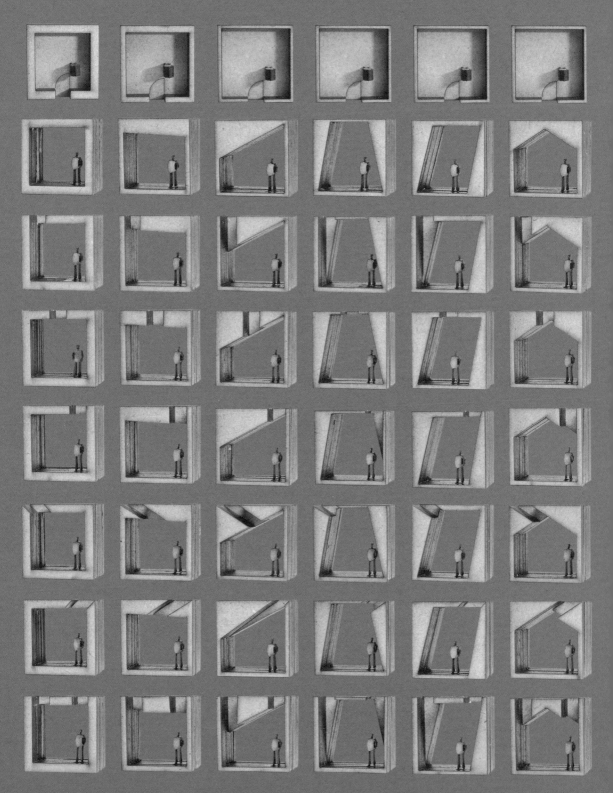

The *casting plenum* has the responsibility of providing the inhabitant with the possibility of perceiving most of the enclosures as a kind of multi-scaled nests, suitable for shelter or lodging, more spiritual conditions than simply inhabiting or occupying a space. As a theoretical precept, I maintain that *in the plan we will always be living in the section, always nesting.*

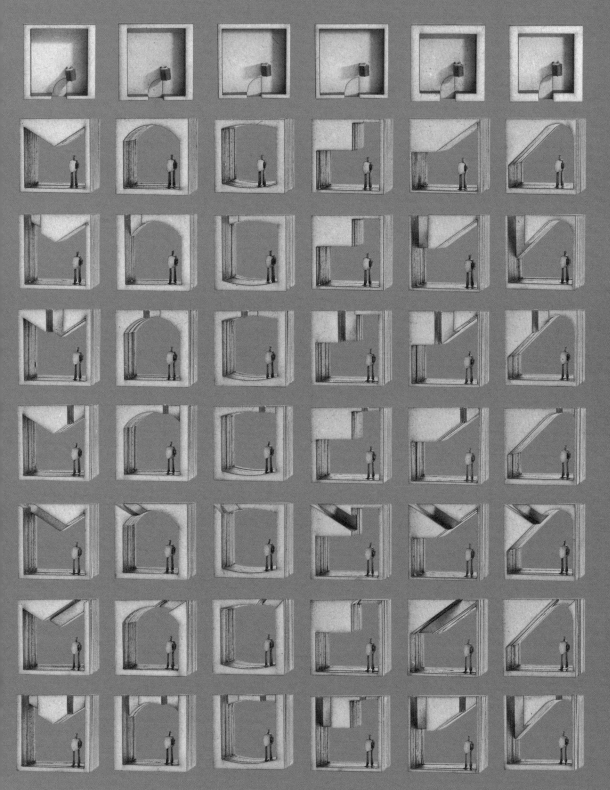

Templo de las Cenizas

Acción | instrumento | cuerpo. Despedir, cremar,
enterrar | conductor | 8 niveles en 2 pisos + altura
máxima: 11.45 m + ancho: 49.17 m + largo 125.51 m +
área: 3,510 m²
**Lugar de emplazamiento | altura sobre nivel
del mar | ubicación.** Campos de Paz Funeraria y
Parque Cementerio | 1,519 msnm | Medellín,
Antioquia, Colombia

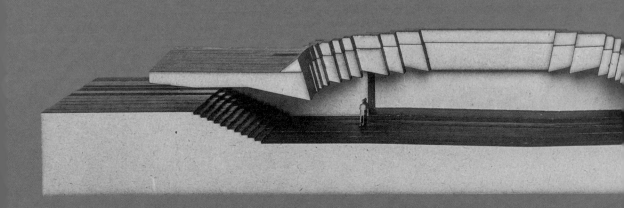

Temple of Ashes

Action | instrument | body. Say farewell, cremate, bury
| conductor | 8 levels on 2 floors + maximum height:
11.45 m + width: 49.17 m + length 125.51 m +
area: 3,510 m²
Site of placement | height above sea level | location.
Fields of Funerary Peace and Cemetery Park |
1,519 masl | Medellin, Antioquia, Colombia

Intención | reto. Desarrollar un instrumento cívico capaz de conducir un rito funerario en el que el paisaje y la arquitectura se conjuguen y complementen un circuito ceremonial con la capilla existente. Se plantean tres cuerpos interconectados: área de oratorios y despedida del cadáver; entrega de cenizas con área de cenizarios y osarios, y área de cremación. El conjunto se adapta a la topografía en pendiente del lugar, que permite una lectura de dos escalas, la monumental del templo y la apaciguada de la plataforma, mirador de los oratorios y crematorio.

Estrategia seccional | desempeño del Plenum Moldeante (PM). La cubierta presenta un complejo PM flexible, que se pliega en vigas triangulares entamboradas que varían en profundidad, pero no en ancho. Se conforma un espesor fugado que proporciona una gama lumínica ascendente desde el ingreso al templo. Esto obedece a que el hilo superior de la cubierta permanece horizontal y el hilo inferior va paralelo a la pendiente del terreno. Este instrumento lumínico hace vibrar el interior de manera permanente y produce efectos sobre los muros ciegos de plegadura. La atmósfera interior tiene variaciones derivadas al infinito. Cada minuto, cada hora, cada día el interior se presenta con un matiz diferente. La inclinación del PM flexible del piso va en ascenso, pausado a intervalos por los descansos que dan ingreso a las capillas cenizarias, y corre paralelo al hilo inferior de la cubierta. ✚ Las cabezas sur y norte del templo con todos sus PM flexibles parecen haber sido socavadas del volumen pétreo del templo y todos sus ángulos guían el flujo de la luz, el viento y las visuales. Gracias a la secuencia seccional, este enorme volumen logra tener una iluminación y una ventilación natural, llenas de misterio. Que las estanterías de cenizarios se desprendan del piso contribuye a esta corriente continua que confiere un confort térmico. ✚ El patio central con su PM flexible propicia el encuentro de tres anillos cónicos de diámetros y alturas variadas. Le confieren una gran profundidad a la cubierta que enmarca con fuerza la bóveda celeste. Hay una relación profunda de la tierra con el cielo fugado en este patio excavado, separación entre cuerpo y espíritu. En la boca de ingreso al patio, los PM flexibles de la cubierta y el piso enfatizan este concepto de descender, de enterrarse.

Solución estructural | cubierta | cerramientos. Pórticos en concreto armado más losas nervadas, puntales metálicos para la suspensión del muro sobre la galería occidental | cubierta en cerchas metálicas más tímpanos en lámina de acero oxidado con canaleta armada en fibra de vidrio | muros en adobe enchapados con piedra Muñeca bogotana.

Intent | challenge. Develop a civic instrument suited to conducting funeral rites in which the landscape and architecture come together, complementing a ceremonial circuit with the existing chapel. Three interconnected bodies are proposed: an area for oratory and saying farewell to the body; an area for the delivery of ashes with niches for holding ashes and ossuaries; and a cremation area. The complex is adapted to the sloping topography, which permits an interpretation on two scales: the monumental scale of the religious building and the peaceful viewing platform of the oratory and crematorium.

Sectional strategy | performance of the Casting Plenum (CP). The roof presents a complex flexible CP, which folds into entambered triangular beams that vary in depth, but not in width. They form an angled thickness that provides an ascending range of luminosity from the entrance to the temple. This is due to the fact that the upper line of the roof remains horizontal and the lower line runs parallel to the slope of the ground. This instrument creates a continuous luminous vibration in the interior and produces effects on the blind folding walls. The interior ambiance offers infinite variations, every minute, every hour, every day the interior is presented with a different shade. The slope of the flexible CP of the floor rises, pausing at intervals due to the breaks that give access to the ash niche chapels, and runs parallel to the lower line of the roof. ✚ The south and north ends with all their flexible CPs appear to have been carved out from the solid volume of the temple and all their angles guide the flow of light, air and lines of sight. Thanks to the sectional sequence, this huge volume succeeds in creating a natural lighting and ventilation that are full of mystery. The separation between the racks of ash niches and the floor contributes to this continuous flow that confers thermal comfort. ✚ The central patio with its flexible CP facilitates the meeting of three conical rings of varied diameters and heights. These afford a great depth to the roof that powerfully frames the sky. There is a deep relationship between the earth and the distantly framed sky in this excavated courtyard, a separation between body and spirit. In the entrance mouth to the courtyard, the flexible CP of the roof and the floor emphasize this concept of descending, of burying.

Structural solution | roof | enclosures. Reinforced concrete porticoes plus ribbed slabs, metal struts for the suspension of the wall over the western gallery | roof made of metal trusses plus tympanums in rusted steel sheet with fiberglass gutters | adobe walls clad with *piedra muñeca bogotana* stone.

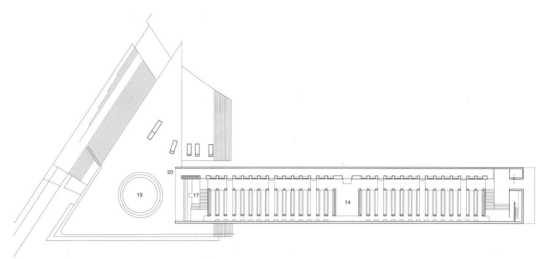

Planta nivel 2 Level 2 Plan

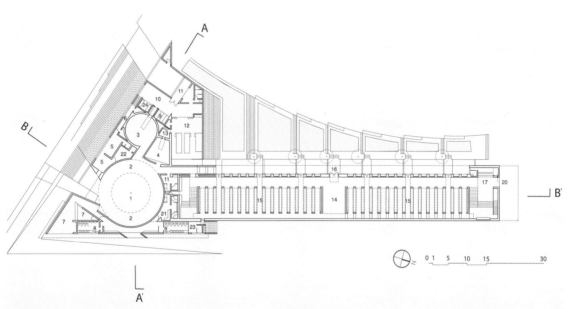

Planta nivel 1 Level 1 Plan

1 **Patio** Courtyard
2 **Deambulatorio** Ambulatory
3 **Oratorio recibo de cadáveres**
  Oratory, reception of bodies
4 **Oratorio recibo de cenizas**
  Oratory, reception of ashes
5 **Oficinas** Offices
6 **Almacén** Store
7 **Café** Café
8 **Baños** WC
9 **Almacenamiento cadáveres**
  Storage of bodies
10 **Recibo interno cadáveres**
  Internal reception of bodies
11 **Recibo externo cadáveres**
  External reception of bodies

12 **Sala de cremación** Cremation hall
13 **Entrega cenizas** Delivery of ashes
14 **Oratorio** Oratory
15 **Cenizarios** Ash niches
16 **Acceso** Entrance
17 **Recepción** Reception
18 **Atrio** Atrium
19 **Vacío** Void
20 **Acceso principal** Main entrance
21 **Cuarto para personal** Staff room
22 **Enfermería** Infirmary
23 **Despacho sacerdote** Priest's office
24 **Morgue** Morgue

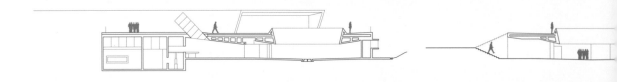

Sección A - A' Section A - A'

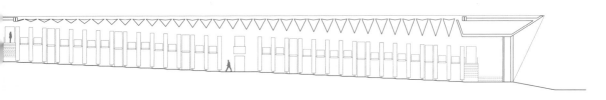

Sección B - B' Section B - B'

0 1   5   10   15   30

Parque de los Pies Descalzos - Museo del Agua

Acción | instrumento | cuerpo. Educar, atender |
mediador | 6 niveles en 5 pisos + altura máxima: 24.87 m
+ ancho: 21.83 m + largo: 105.11 m + área: 5,000 m²
**Lugar de emplazamiento | altura sobre nivel del
mar | ubicación.** Parque de los Pies Descalzos |
1,472 msnm | Medellín, Antioquia, Colombia

Barefoot Park, Water Museum

Action | instrument | body. Educate, serve | mediator |
6 levels on 5 floors + maximum height: 24.87 m + width:
21.83 m + length: 105.11 m + area: 5,000 m²
**Site of placement | height above sea level |
location.** Barefoot Park | 1,472 masl | Medellin,
Antioquia, Colombia

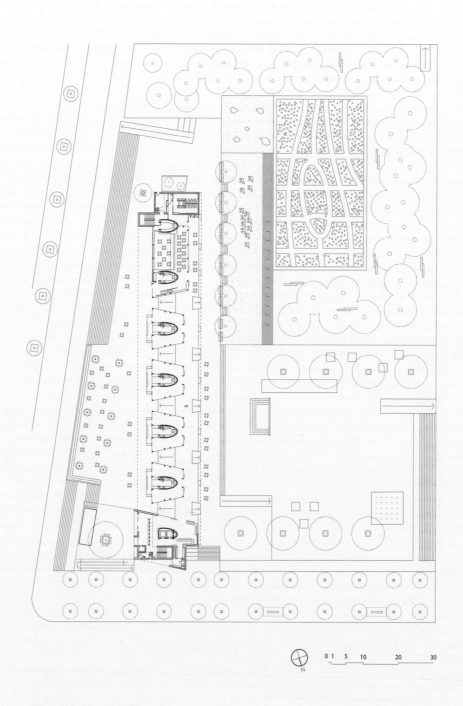

Planta nivel 1 Level 1 Plan

Intención | reto. Desarrollar un instrumento cívico capaz de mediar e integrar dos realidades urbanas por medio de un umbral o estoa descolumnada. En su espesor, alberga locales de comida que sirven al parque, mientras se garantiza la protección del sol y la lluvia al disfrutar de un privilegiado voyerismo colectivo. Se permite el paso entre los dos sectores a través de oquedades perspectivadas. El contenido museístico flota en el volumen superior.

Estrategia seccional | desempeño del Plenum Moldeante (PM). La cubierta pendentada con su PM flexible se estira de manera radical por medio de un cantiléver hacia el naciente para proteger la fachada acristalada del cuerpo superior que alberga el museo. Esto conforma una gran puerta urbana o pórtico cívico, que con su escala invita al conjunto edilicio de La Alpujarra —hoy asfixiado por un desmedido proyecto— y los cerros a ser protagonistas en la terraza de comidas. Este marco de 78.90 m × 20.47 m dialoga con la escala del contexto y le confiere una función de referente urbano. En éste se labran los espacios para albergar todas las instalaciones técnicas del sistema de ventilación mecánica, cubiertas con una pérgola en tubería de aluminio para cuidar esta quinta fachada. ✚ El PM rígido aeróbico de la fachada occidental del Museo se configura ciego para una total protección del poniente y funciona a la vez como chimenea de evacuación del aire caliente del interior. También proporciona una importante y necesaria superficie expositiva, bañada por una luz cenital controlada, que penetra los dos niveles. Este gran muro ciego tiene una función simbólica de dolmen hacia el Parque. ✚ El PM flexible aeróbico de la cubierta de los locales y el deambulatorio vestibular permiten al mismo tiempo conformar una rejilla continua hacia la fachada occidental, por la que evacuan todos los sistemas técnicos y retoman aire fresco para evitar la afectación de su calidad visual. Conducen los conos visuales de manera que se logran perspectivas vinculantes con las montañas y de escala más íntima con el jardín central, lo que opera también como un manipulador efectivo de la radiación solar.

Solución estructural | cubierta | cerramientos. Núcleos ovoides en concreto con losas en voladizos compensados, más cerchas metálicas en cantiléver en el gran alero hacia el Parque | sistema de cerramiento ligero en *superboard* más enchape en piedra Royal verde y cancelería de aluminio.

Intent | challenge. Develop a civic instrument capable of mediating and integrating two urban realities by means of a threshold or column-free stoa. In its thickness it houses food outlets that serve the park, while providing protection from sun and rain and enjoying a privileged collective voyeurism. Passage between the two sectors is permitted through sloping tunnels. The museum content floats in the upper volume.

Sectional strategy | performance of the Casting Plenum (CP). The sloping roof with its flexible CP is radically stretched by means of a cantilever towards the source to protect the glass façade of the upper body that houses the museum. This forms a large urban gateway or civic portico, which with its scale invites the La Alpujarra building complex—today swamped by an outsize project—and the hills to be protagonists of the food terrace. This 78.90 m × 20.47 m frame dialogues with the scale of the context and assigns it a function as an urban reference point. Here spaces are carved out to house all the technical installations of the mechanical ventilation system, covered with a pergola of aluminum pipes to protect this fifth façade. ✚ The rigid aerobic CP of the western façade of the Museum is blind to provide complete protection from the west and simultaneously functions as a chimney for removal of the warm air inside. It also provides an important and necessary exhibition surface, bathed by a controlled overhead light, which penetrates the two levels. This large blind wall has a symbolic function towards the Park, like a dolmen. ✚ The flexible aerobic CP of the roof of the food outlets and the walkway at the same time allow the formation of a continuous grid towards the western façade, through which all the technical systems are ventilated and collect fresh air to avoid altering their visual quality. The visual cones are directed in such a way as to achieve perspectives that connect with the mountains and on a more intimate scale with the central garden, which also operates as an effective manipulator of solar radiation.

Structural solution | roof | enclosures. Ovoid cores made of concrete with compensated cantilevered slabs, plus cantilevered metal trusses for the large overhang looking towards the Park | lightweight wall system using superboard plus *royal verde* stone cladding and aluminum window frames.

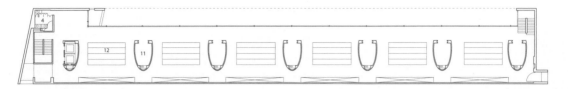

Planta nivel 3 Level 3 Plan

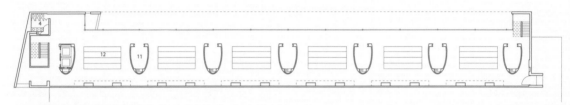

Planta nivel 2 Level 2 Plan

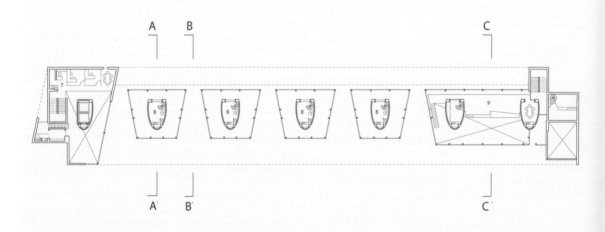

Planta nivel mezzanine Plan of mezzanine

0 1   5   10   20

1 **Acceso** Entrance
2 **Local comidas** Food outlet
3 **Almacén** Store
4 **Baños** WC
5 **Corredor comidas** Food passage
6 **Terraza comidas** Food terrace
7 **Oficinas** Offices
8 **Mezaninne de locales** Retail mezzanine
9 **Mezaninne café** Café mezzanine
10 **Hall ascensores** Elevator hall
11 **Área exhibición cerrada** Closed exhibition area

12 **Área exhibición abierta** Open exhibition area
13 **Cuarto técnico** Technical room
14 **Sótano de locales** Retail basement
15 **Plaza** Plaza
16 **Bosque** Wood
17 **Calle peatonal** Pedestrian street
18 **Estancia de agua** Water room
19 **Arenero** Sandpit
20 **Pérgola de acceso Museo del Agua EPM**
Entrance pavilion, EPM Water Museum
21 **Deck** Deck

Sección A - A' Section A - A'

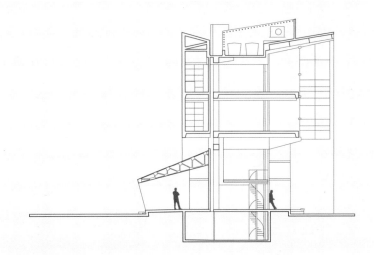

Sección B - B' Section B - B'

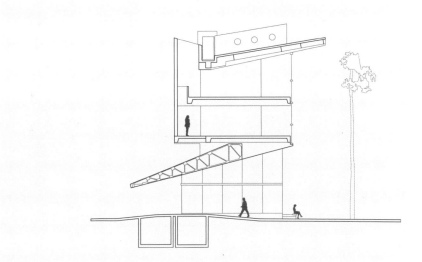

Sección C - C' Section C - C'

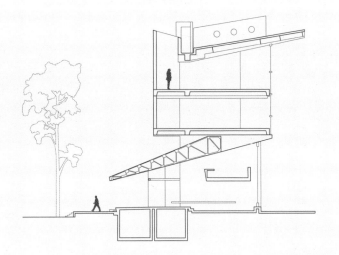

0 1   5   10

Parque de los Deseos - Casa de la Música

Acción | instrumento | cuerpo. Ensayar, interpretar,
proyectar | generador | 12 niveles en 4 pisos +
altura máxima: 23.40 m + ancho: 30 m + largo: 60 m
+ área: 6,500 m²
**Lugar de emplazamiento | altura sobre nivel del
mar | ubicación.** Parque de los Deseos | 1,468 msnm |
Medellín, Antioquia, Colombia

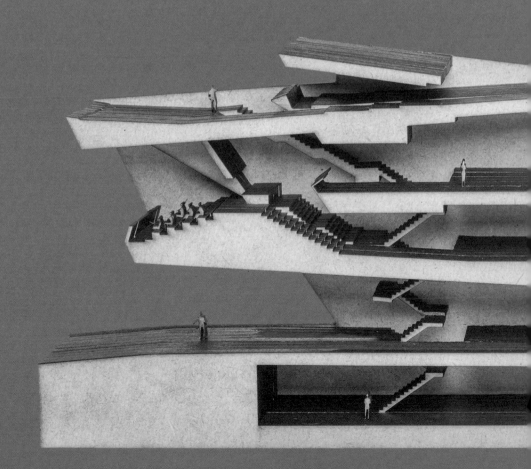

Park of Desires, House of Music

Action | instrument | body. Test, interpret, project |
generator | 12 levels on 4 floors + maximum height:
23.40 m + width: 30 m + length: 60 m + area: 6,500 m²
Site of placement | height above sea level | location.
Park of Desires | 1,468 masl | Medellin,
Antioquia, Colombia

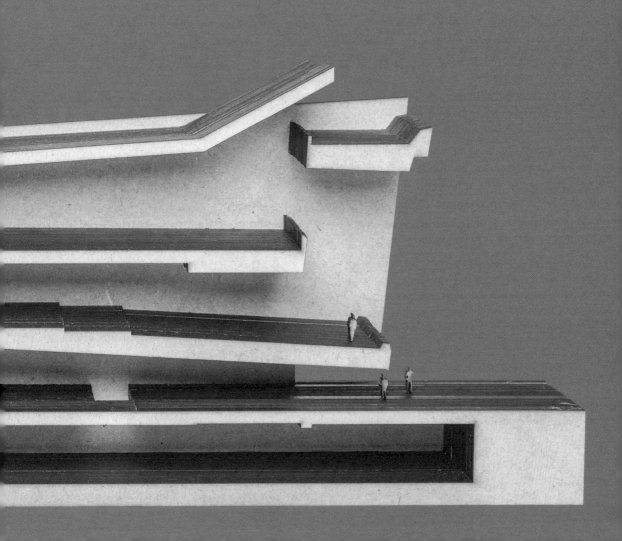

Intención | reto. Desarrollar un instrumento cívico capaz de generar un variado menú de actividades culturales al tiempo que dar continuidad a la actividad de observatorio del planetario. Conformar una gran plaza-anfiteatro para observar las estrellas y hospedar múltiples eventos, abrazada por un anillo perimetral de actividades de índole más íntima y privada bajo dispositivos generadores de sombra.

Estrategia seccional | desempeño del Plenum Moldeante (PM). Generar una cubierta de múltiples pendientes para crear un escenario propicio para conciertos al aire libre, que sirva de plataforma para la observación con telescopios, pues por la altura está libre de la contaminación lumínica del contexto. Esta gran reposera urbana permite visuales extraordinarias de todas las comunas vecinas y la conformación montañosa del Valle de Aburrá. El PM flexible de la cubierta delimita el recinto de los palcos con la sala de ensayo principal, que se fuga al exterior para obtener visuales de la ciudad a través del doble acristalamiento. El PM flexible de su piso enmarca la sala de ensayos escalonada, que a su vez se relaciona con el teatrino de ensayo y la galería de arte del costado sur, un espacio que invade los dos niveles de salas y se abre de manera radical hacia la ciudad, como una enorme vitrina cultural, que a su vez actúa como faro en el sector. El palco exterior es resguardado por falero —fachada alero— norte y permite que también se convierta en escenario para orquestas y coros. En su condición natural, es un magnífico mirador escampado que aspira el majestuoso paisaje de las montañas hacia el interior de la casa de la música. ✚ El PM flexible de la cubierta del primer nivel, en el que se encuentran los locales de comida, enmarca una fuga pronunciada que permite que los transeúntes tengan una visión perfecta sobre la pantalla gigante ubicada en la fachada del planetario cuando pasan por la plazoleta cubierta. Este espacio telescópico garantiza que todos los comensales tengan la posibilidad de recrearse con las películas proyectadas desde el tercer nivel del edificio, a 64 m de distancia. ✚ El entramado seccional escapa a un gran deambulatorio vestibular que permite a los habitantes continuar con sus actividades lúdicas aún con climas extremos de sol o lluvia sin abandonar el parque.

Solución estructural | cubierta | cerramientos. Entramado metálico con losas en *steeldeck* | losa en *steeldeck* más enchape en piedra | sistema de cerramiento ligero en *superboard* más enchape en piedra Royal dorada y cancelería de aluminio con refuerzos en acero en el falero sur.

Intent | challenge. Develop a civic instrument capable of generating a varied menu of cultural activities at the same time, which gives continuity to the planetarium's observatory activity. Create a large plaza-amphitheater to observe the stars and host multiple events, embraced by a perimeter ring of activities of a more intimate and private nature under shade-producing devices.

Sectional strategy | performance of the Casting Plenum (CP). Generate a roof with multiple slopes to create a stage suitable for outdoor concerts, which also serves as a platform for observation with telescopes, because the elevation liberates it from the light pollution of the surroundings. This large urban deck chair provides extraordinary views of all the neighboring communes and the mountains of the Aburrá Valley. The flexible CP of the roof demarcates the stages with the main rehearsal hall, which opens at an angle to the outside to provide views of the city through the double glazing. The flexible CP of its floor frames the stepped rehearsal hall, which in turn is linked to the rehearsal theater and the art gallery on the south side, a space that invades the two floors of rooms and opens up radically towards the city, as a huge cultural showcase, which in turn acts as a beacon in the sector. The exterior stage is sheltered by the projecting façade and allows it to become a stage for orchestras and choirs. In its natural condition, it is a magnificent vantage point that draws the majestic landscape of the mountains into the interior of the house of music. ✚ The flexible CP of the roof of the first floor, where the food outlets are located, frames a pronounced perspective that provides pedestrians with a perfect view of the giant screen located on the façade of the planetarium when they pass through the covered plaza. This telescopic space ensures that all diners are able to enjoy the films projected from the third level of the building at a distance of 64 m. ✚ The sectional framework escapes to a large vestibular ambulatory that allows the inhabitants to continue their recreational activities even in extreme climates of sun or rain without leaving the Park.

Structural solution | roof | enclosures. Metal Lattice using steeldeck slabs | steeldeck slab plus stone cladding | lightweight superboard cladding system plus *royal dorada* stone cladding and aluminum window frames with steel reinforcements in the south projecting façade.

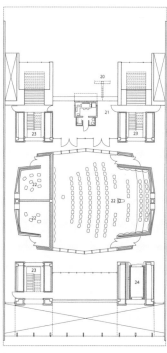

Planta nivel 3 Level 3 Plan

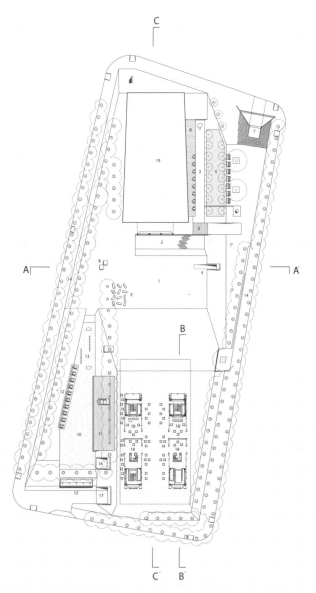

Planta nivel 1 Level 1 Plan

1 **Plaza de eventos** Events plaza
2 **Espejo de agua** Reflecting pool
3 **Puente** Bridge
4 **Acceso baños públicos** Entrance public WC
5 **Talud verde** Green slope
6 **Deck** Deck
7 **Estación existente Metro** Existing Metro station
8 **Reloj solar** Sundial
9 **Plataformas giratorias de observación** Rotating observation deck
10 **Arenero** Sandpit
11 **Deck inclinado** Sloping deck
12 **Pérgola** Pergola
13 **Juegos infantiles** Playground
14 **Corredor de árboles** Avenue of trees
15 **Acceso edificio Casa de La Música** Entrance to House of Music building

16 **Acceso local comercial** Entrance to retail store
17 **Acceso sótano** Entrance to basement
18 **Locales comerciales** Retail stores
19 **Edificio existente Planetario Municipal** Existing entrance to Municipal Planetarium
20 **Proyector** Projector
21 **Cuarto de proyecciones** Projection room
22 **Sala de ensayo** Rehearsal room
23 **Escaleras** Stairs
24 **Monta carga** Goods elevator
25 **Sala de exposiciones** Exhibition space
26 **Palco** Stage
27 **Oficina administrativa** Administrative office
28 **Terraza** Terrace
29 **Cocineta** Kitchenette
30 **Cuarto técnico** Technical room
31 **Baños** WC

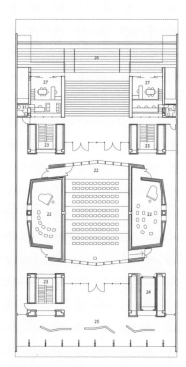

Planta nivel 2 Level 2 Plan

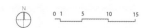

N

0 1   5   10   15

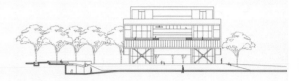

Sección A - A' Section A - A'

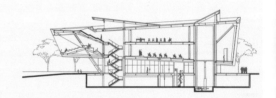

Sección B - B' Section B - B'

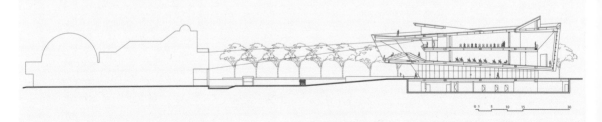

Sección C - C' Section C - C'

Biblioteca EPM

Acción | instrumento | cuerpo. Exhibir, archivar,
orientar, cultivar | comunicador | 15 niveles en 5 pisos
+ altura máxima: 18.50 m + ancho: 39.80 m +
largo: 78.72 m + área: 15,475 m²
**Lugar de emplazamiento | altura sobre nivel del
mar | ubicación.** Parque de las Luces | 1,475 msnm |
Medellín, Antioquia, Colombia

EPM Library

Action | instrument | body. Display, archive, guide,
cultivate | communicator | 15 levels on 5 floors +
maximum height: 18.50 m + width: 39.80 m + length:
78.72 m + area: 15,475 m²
Site of placement | height above sea level | location.
Parque de las Luces | 1,475 masl | Medellin,
Antioquia, Colombia

Intención | reto. Desarrollar un instrumento cívico capaz de mediar entre la actividad de concentración requerida para la lectura y la vida urbana, que de manera clara y orientadora formulara una ocupación piramidal por nivel de conocimiento, cantidad de usuarios y tiempo de permanencia. El contenido más público se ofrece en el primer nivel y las áreas de investigación en el último. Opera como una vitrina de libros que, a su vez, reposa vigilante del espacio cívico.

Estrategia seccional | desempeño del Plenum Moldeante (PM). Desarrollar una cubierta de doble pendiente invertida que logre ocultar los tragaluces del centro y las instalaciones técnicas mientras recoge el agua para ser almacenada. Su PM flexible aeróbico permite socavar los salones sin fin para investigadores y permite salir a la terraza que escampa una banca para la contemplación y el descanso. Este PM junto con el del piso de las bandejas escalonadas, para capacitaciones forman un cono visual marcado que permite perspectivas vinculantes con la sala de lectura principal donde está la colección general. Perpendicular a este cono se desarrolla la bandeja de la colección especializada que balconea sobre los tres niveles. Esta área de estudio recibe luz cenital que resalta su presencia en el espacio. El PM flexible del falero de la sala general marca un contraste entre la aguda arista externa y la suave curva que proporciona el efecto sin fin a la sala. La grieta, a una altura mínima permite gozar el verde de los árboles de mango que completan la protección solar del poniente con la fachada fugada. **+** El remate de las bandejas escalonadas es un balcón de estudio con mesa corrida que permite relacionarse con la hemeroteca y disfrutar el gran paisaje de la plaza con sus mástiles, el tejido urbano y los cerros orientales. Este cuadro siempre es atravesado por la línea aérea del metro para dar lugar a una interacción completa con los elementos constitutivos del contexto. **+** En el segundo nivel se moldea otro volumen que busca las mejores visuales hacia la plaza y da escala apropiada a los mostradores de los catálogos de la colección. El nivel de la hemeroteca flota sobre el *deck* cívico para garantizar las vistas, a la vez que el falero acristalado permite unas horas de sol sin que afecte las estanterías. El PM flexible de la planta baja hace todo lo posible por buscar los ángulos correctos para lograr conducir la iluminación natural al centro del espacio. **+** Todo el entramado de vacíos parece obedecer a la lógica de una cinta Moebius o una imagen de Piranesi o Escher, en las que escaleras, rampas y vacíos ocultan y desvelan circulaciones infinitas.

Solución estructural | cubierta | cerramientos. Núcleos centrales de los pórticos en estructura mixta de acero y concreto armado y losas en entramado de IPS con *steeldeck*, sin viguería intermedia | sistema de cerramiento ligero en *superboard* más enchape en piedra Royal veta y ventanera de aluminio con refuerzos en acero en el falero oriental.

Intent | challenge. To develop a civic instrument capable of mediating between the concentrated activity required for reading and urban life, which in a clear and guiding manner formulates a pyramidal occupation by level of knowledge, number of users and time spent. The most public content is offered on the first floor and the research areas on the top floor. A showcase for books that also safeguards civic space.

Sectional strategy | performance of the Casting Plenum (CP). Develop a roof with a double inverted slope that hides the skylights of the center and the technical installations while collecting rainwater for storage. Its flexible aerobic CP carves out the endless halls for researchers and provides access to the viewing terrace that offers shelter for a bench for contemplation and rest. This CP, together with that of the floor of the stepped training platforms, form a visual cone that permits binding perspectives with the main reading room where the general collection is held. Perpendicular to this cone is the platform of the special collection that forms a balcony over the three other levels. This study area receives overhead light that highlights its presence in the space. The flexible CP of the projecting façade of the general hall marks a contrast between the sharp external edge and the smooth curve that provides an effect of endlessness to the room. The fissure, at a minimum height, is seen from a sitting position that allows users to enjoy the green of the mango trees that complete the sun protection from the west, together with the angled façade. **+** The endpoint of the staggered platforms is a studio balcony with a long table that interacts with the media library and the great landscape of the plaza with its masts, the urban fabric and the hills to the east. This picture is constantly traversed by the Metrocable, giving rise to a complete interaction with the constituent elements of the context. **+** On the second level, another volume is formed that seeks the best visuals towards the plaza and provides an appropriate scale for the counters where the collection catalogs are located. The level of the media library floats on the civic deck, guaranteeing the visuals, at the same time as the glazed projecting façade allows a few hours of sun without affecting the shelves of books and magazines. The flexible CP on the ground floor does all it can to find the correct angles to provide natural lighting to the center of the space. **+** The whole framework of voids seems to follow the logic of a Moebius strip or an image by Piranesi or Escher, in which stairs, ramps and voids both conceal and reveal endless circulations.

Structural solution | roof | enclosures. Central cores of mixed-steel and reinforced concrete frames and slabs in IPS framework with steeldeck, without intermediate beams | lightweight enclosure system in superboard plus *royal veta* stone cladding and aluminum window frames with steel reinforcements in the eastern projecting façade.

1 **Acceso** Entrance
2 **Local comercial** Retail store
3 **Cinemateca** Cinema
4 **Café** Café
5 **Enfermería** Infirmary
6 **Sala de niños** Children's room
7 **Sala ciudad** City room
8 **Administración** Administration
9 **Baños** WC
10 **Auditorio** Auditorium
11 **Área técnica** Technical room
12 **Galería urbana** Urban gallery
13 **Módulo de atención** Information desk
14 **Espejo de agua** Reflecting pool
15 **Corredor para exposiciones** Exhibition corridor
16 **Zona de revistas y periódicos** Media library
17 **Plataforma de eventos** Events platform
18 **Sala de lectura general** General reading room
19 **Sala de capacitación** Training room
20 **Cubículos individuales de estudio** Study cubicles
21 **Sala de investigación** Research room
22 **Terraza** Terrace

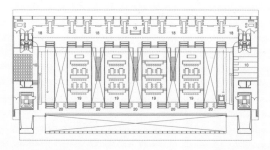

Planta nivel 2 Level 2 Plan

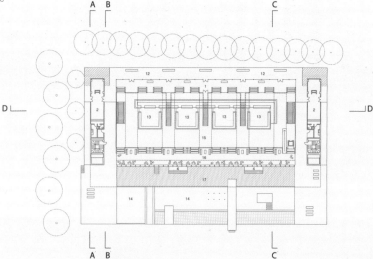

Planta nivel 1 Level 1 Plan

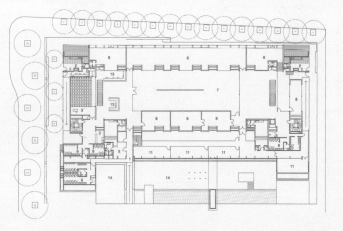

Planta nivel -1 Level -1 Plan

0 1   5   10   15   30

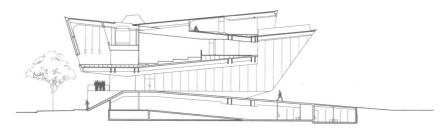

Sección A - A' Section A - A'

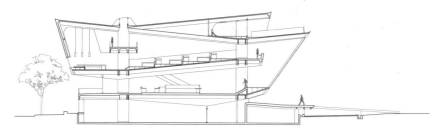

Sección B - B' Section B - B'

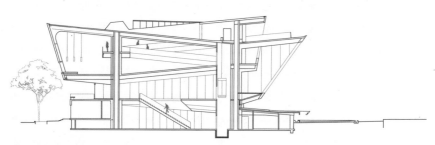

Sección C - C' Section C - C'

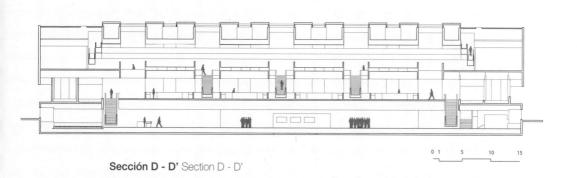

0 1   5   10   15

Sección D - D' Section D - D'

80

Rituales Crematorio

Acción | instrumento | cuerpo. Despedir, celebrar | conductor | 5 niveles en 3 pisos + altura máxima: 23.36 m + ancho: 15.29 m + largo: 52.87 m + área: 749 m² **Lugar de emplazamiento | altura sobre nivel del mar | ubicación.** Parque rural | 2,285 msnm | Guarne, Antioquia, Colombia

Crematory Rituals

Action | instrument | body. Say farewell, celebrate | conductor | 5 levels on 3 floors + maximum height: 23.36 m + width: 15.29 m + length: 52.87 m + area: 749 m² **Site of placement | height above sea level | location.** Rural park | 2,285 masl | Guarne, Antioquia, Colombia

Intención | reto. Desarrollar un instrumento cívico capaz de conducir un rito funerario en el que el paisaje y la arquitectura se conjuguen para manipular el estado anímico del cortejo. Se apacigua la tristeza con el uso de piezas abstractas que le confieren al parque cementerio un carácter de jardín de esculturas en medio de un paisaje bucólico especial. Arte y naturaleza sanan el alma en conjunto con la práctica ecuménica.

Estrategia seccional | desempeño del Plenum Moldeante (PM). La sección de la cubierta invertida a cuatro aguas presenta un PM rígido aeróbico y de gran espesor para enfatizar su carácter ligero, que se acentúa con los soportes rotados de las esquinas. Del PM de la cubierta se desprenden cuatro "pasadores" verticales que enmarcan los vanos del nivel de la capilla. El PM flexible del recinto central se fuga hacia arriba para acentuar el desprendimiento de la cubierta, un símbolo evidente de la separación de la energía del cuerpo. Los planos inclinados en varias direcciones forman un ánfora que contrasta con la tajante formación cubica del exterior y proporciona condiciones lumínicas y acústicas confortables. Dentro del gran monolito se ha socavado un recinto acogedor con una doble escala proporcionada por la retícula de lámparas descolgadas, un cielo virtual cálido que arropa a sus moradores. **+** La continuidad espacial entre la capilla y el área de crematorios se logra por medio de un túnel rampado y fugado, activado por una vibración lumínica producida por las ranuras de la rampa de acceso. Toda la sección del complejo opera como un instrumento de difusión lumínica. Si bien la rampa de acceso asciende hacia la capilla, ésta parece descender respecto al nivel del terreno y crea una doble sensación de venia y recogimiento, que al descender se abre al paisaje para calmar con las vistas el dolor de la pérdida.

Solución estructural | cubierta | cerramientos. Pórticos en concreto armado más losas macizas | cubierta en cerchas metálicas con teja ligera termoacústica y cielo falso en paneles de madera | muros en bloques de concreto más enchape de piedra buenaventura mapeada y ventanas en tubería metálica.

Intent | challenge. Develop a civic instrument suited to conducting a funerary rite in which landscape and architecture come together to manipulate the mood of the cortège. Sadness is eased with the use of abstract pieces that give the cemetery park the character of a sculpture garden in the middle of a bucolic landscape. Art and nature heal the soul in conjunction with the ecumenical practice.

Sectional strategy | performance of the Casting Plenum (CP). The section of the inverted roof in four sloping sections presents a rigid aerobic CP of great thickness to emphasize its lightweight character, accentuated with the rotated supports at the corners. Four vertical "hairpins" emerge from the CP of the roof to frame the openings of the chapel level. The flexible CP of the central enclosure is angled upwards to accentuate the detachment of the roof, an obvious symbol of the separation of the energy from the body. The inclined planes in several directions form an amphora that contrasts with the sharply cubic formation of the exterior and provide comfortable lighting and acoustic conditions. Within the great monolith a welcoming enclosure has been carved out with a dual scale provided by the grid of hanging lamps, a virtual warm sky that shelters the occupants. **+** The spatial continuity between the chapel and the crematorium area is achieved by means of a ramped, angled tunnel, activated by the vibrating light produced by the slots along the access ramp. The entire section of the complex operates as an instrument for the diffusion of light. Although the access ramp ascends towards the chapel, it seems to descend from the ground level and creates a dual sense of arriving and gathering, which when descending opens onto the landscape, calming the pain of loss with the views.

Structural solution | roof | enclosures. Reinforced concrete porticoes plus solid slabs | roof made of metal trusses with lightweight thermoacoustic tiles and false ceiling made of wooden panels | walls in concrete blocks plus mapped *Buenaventura* stone cladding and windows using metal pipes.

0   5 10   20   40

Planta de conjunto General Plan

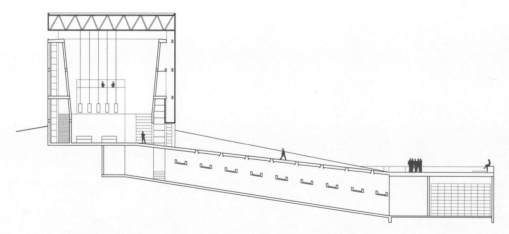

Sección A - A' Section A - A'

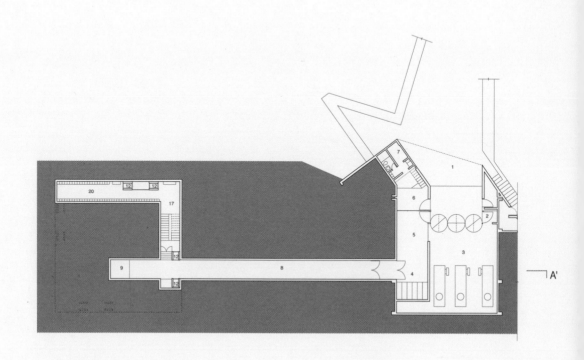

Planta nivel -1 Level -1 Plan

N

0 1   5   10

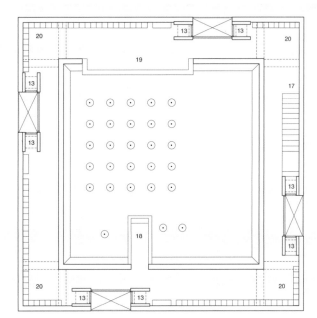

Planta nivel 2 Level 2 Plan

1 **Acceso** Entrance
2 **Molino** Mill
3 **Sala de cremación** Cremation hall
4 **Área de refrigeración** Refrigeration
5 **Sala para espera de camillas**
   Reception of stretchers
6 **Entrega de ataúdes** Delivery of
   caskets
7 **Oficina** Offices
8 **Rampa de descenso de ataúdes**
   Casket descent ramp
9 **Descensor de ataúdes** Casket
   lowering elevator
10 **Altar** Altar
11 **Sacristía** Sacristy
12 **Baño** WC
13 **Vacío** Void
14 **Espacio central** Central space
15 **Sala familiar** Family room
16 **Entrega de cenizas** Delivery of ashes
17 **Escaleras** Stairs
18 **Balcón para coro** Balcony for choir
19 **Balcón para director** Balcony for
   conductor
20 **Zona para cenizarios** Ash niche zone

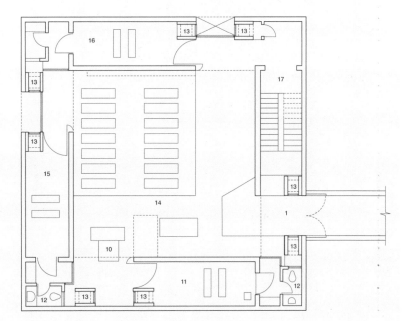

Planta nivel 1 Level 1 Plan

Institución Educativa La Independencia

Acción | instrumento | cuerpo. Enseñar, recrear |
ensamblador | 8 niveles en 3 pisos | altura máxima:
17.30 m + ancho: 73 m + largo: 86 m + área: 7,322 m²
**Lugar de emplazamiento | altura sobre nivel del mar
| ubicación.** Parque Urbano del barrio San Javier |
1 584 msnm | Medellín, Antioquia, Colombia

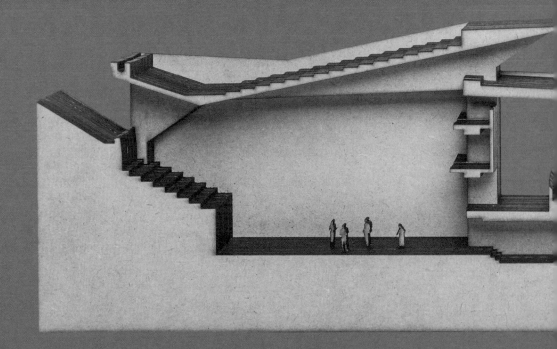

La Independencia Educational Institution

Action | instrument | body. Teach, recreate |
assembler | 8 levels on 3 floors | maximum height:
17.30 m + width: 73 m + length: 86 m + area: 7,322 m²
Site of placement | height above sea level | location.
Urban Park of the San Javier neighborhood | 1,584 masl
| Medellin, Antioquia, Colombia

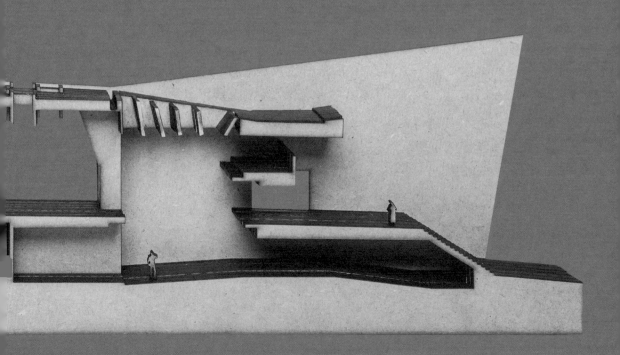

Intención | reto. Desarrollar un instrumento cívico que lograra conectar los caminos naturales de comunicación entre los barrios con una calle o plaza cubierta, que fuera a la vez lugar de encuentro y de intercambio para la institución. Se impulsa una verdadera democratización del conocimiento, potenciada por las vitrinas acristaladas que delimitan los recintos de enseñanza, agrupados en sectores operativos para garantizar una utilización máxima y variada más propia de una infraestructura barrial.

Estrategia seccional | desempeño del Plenum Moldeante (PM). Desarrollar una cubierta verde que se plegara de forma aleatoria para generar una topografía cartesiana y complementar la zona verde de la ladera. Que condujera la iluminación al espacio central, ventilara de manera natural y proporcionara múltiples perspectivas vinculantes con el contexto. El PM flexible de esta gran cubierta genera una serie de gradas-anfiteatro, remates acartelados, tragaluces, aletas difusoras, bancas y barandas. El PM flexible del plano base del piso también proporciona graderías, rampas y plateas, que esculpen los recintos. ✚ La secuencia seccional de este edificio produce un intercambio constante de vacíos y puentes que permiten un flujo eficaz de aire, luz y visuales. Las actividades académicas son tratadas como vitrinas culturales que incitan al descubrimiento. El entramado espacial proporciona vitalidad operativa, siempre vigilada por la misma comunidad, condición muy necesaria por el nivel de violencia en la comuna 13 de la ciudad de Medellín. ✚ Todas las secciones se acoplan a la pendiente de la colina y desarrollan un entramado escalonado que mira siempre sobre el espacio verde recreativo, que es una extensión del colegio. Este espacio siempre opera como parque y no como patio de un claustro. Las secciones resguardan la condición natural de balcones, tanto desde el interior de los recintos como desde las áreas de circulación.

Solución estructural | cubierta | cerramientos. Pórticos en concreto armado más losas nervadas | cubierta verde extensiva con tragaluces | muros en adobe enchapados con piedra Valdivia verde y ventanas con cancelería en aluminio.

Intent | challenge. Develop a civic instrument that succeeds in connecting the natural paths of communication between the neighborhoods with a street or covered plaza, which was at the same time a place of meeting and exchange for the institution. A true democratization of knowledge is fostered, boosted by the glass windows that demarcate the classrooms, grouped in operational sectors to guarantee a maximum and varied use more typical of a neighborhood infrastructure.

Sectional strategy | performance of the Casting Plenum (CP). Develop a green roof that is folded in a random fashion to generate a Cartesian topography and complement the green area of the slope. This leads the illumination to the central space, ventilates it naturally and provides multiple binding perspectives with the context. The flexible CP of this large roof generates both stands and amphitheater, trimmed finials, skylights, diffuser fins, benches and rails. The flexible CP of the base plane of the floor also provides stands, ramps and stalls, which sculpt the enclosures. ✚ The sectional sequence of this building produces a constant exchange of voids and bridges that allow an effective flow of air, light and visuals. Academic activities are treated as cultural showcases that encourage discovery. The spatial framework provides operational vitality, always monitored by the community itself, a very necessary condition due to the pervasive level of violence in District 13 of the city of Medellin. ✚ All sections are attached to the slope of the hill and develop a stepped framework that constantly overlooks the recreational green space, which is an extension of the school. This space always operates as a park and not as a courtyard of a cloister. The sections protect the natural condition of balconies, both from inside the enclosures and from the circulation areas.

Structural solution | roof | enclosures. Reinforced concrete gantries plus ribbed slabs | extensive green roof with skylights | walls in adobe clad with green Valdivia stone and windows with aluminum frames.

1 **Acceso** Entrance
2 **Aula de dibujo artístico** Artistic drawing classroom
3 **Salida de emergencia** Emergency exit
4 **Sala de profesores** Staff room
5 **Baños** WC
6 **Jardín** Garden
7 **Laboratorio tecnológico** Technology lab
8 **Aula de cómputo** Computing room
9 **Cuarto de máquinas** Machine room
10 **Rampa central** Central ramp
11 **Bodega** Store
12 **Parqueaderos** Parking
13 **Restaurante escolar** Student cafeteria
14 **Cocina** Kitchen
15 **Auditorio** Auditorium
16 **Cancha polideportiva** Multi-sports pitch
17 **Oficinas** Offices
18 **Ludoteca** Games library
19 **Rectoria** Rector's office
20 **Balcón** Balcony
21 **Local comercial** Retail store
22 **Aulas** Classrooms
23 **Graderia polideportivo** Multi-sports stands
24 **Corredor público** Public corridor
25 **Puente** Bridge
26 **Emisora** Station

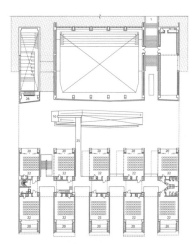

Planta nivel 2 Level 2 Plan

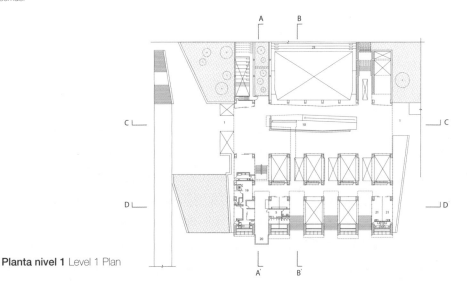

Planta nivel 1 Level 1 Plan

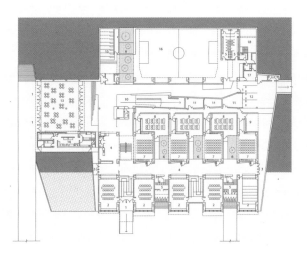

Planta nivel -1 Level -1 Plan

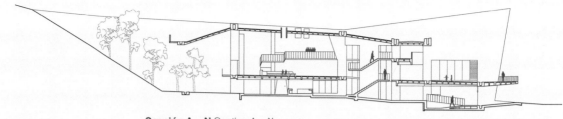

Sección A - A' Section A - A'

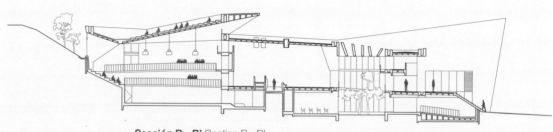

Sección B - B' Section B - B'

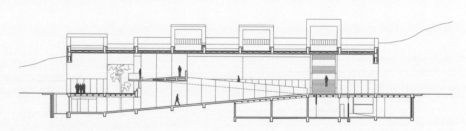

Sección C - C' Section C - C'

Sección D - D' Section D - D'

0 1   5   10   20

Cámara de Comercio de Urabá

Acción | instrumento | cuerpo. Atender, capacitar |
conector | 10 niveles en 8 pisos + altura máxima: 27 m +
ancho: 29.60 m + largo: 42.30 m + área: 5,034 m²
**Lugar de emplazamiento | altura sobre nivel del mar
| ubicación.** Centro urbano del municipio de Apartadó
| 30 msnm | Apartadó, Antioquia, Colombia

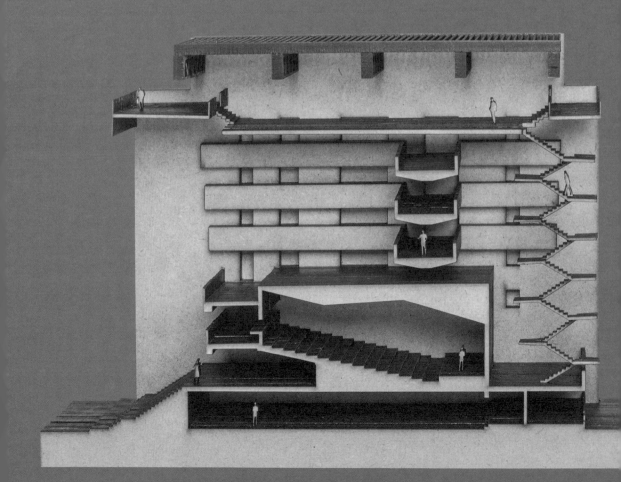

Chamber of Commerce of Urabá

Action | instrument | body. Serve, train | connector |
10 levels in 8 floors + maximum height: 27 m + width:
29.60 m + length: 42.30 m + area: 5,034 m²
Site of placement | height above sea level | location.
Urban center of the municipality of Apartadó | 30 masl
| Apartadó, Antioquia, Colombia

Intención | reto. Ensamblar un instrumento cívico que permitiera relacionar de manera efectiva las extraordinarias perspectivas sobre las plantaciones de plátano y el tejido urbano del municipio de Apartadó con los itinerarios de los recorridos expuestos por los puentes transversales y las escaleras desplegadas bajo la pérgola central. Auspiciar una rica vida cívica en la calle interior o galería cubierta, que sirve de deambulatorio vestibular a los dos cuerpos del edificio que, a su vez, une las dos calles que lo delimitan en los costados norte y sur.

Estrategia seccional | desempeño del Plenum Moldeante (PM). Descomponer el edificio en dos cuerpos programáticos medianeros abalconados para conformar un espacio cívico en forma de pasaje urbano que haga posible la fluidez peatonal, eólica y visual. **+** Desarrollar una gran cubierta apergolada con un PM flexible dentado que sirve de eficiente difusor para alcanzar un confort térmico y acústico ideal, sin necesidad de acondicionamiento mecánico. El concepto de "antecámara cívica" es capaz de generar relaciones empresariales espontáneas entre sus afiliados. **+** Proporcionar dos balcones marquesina que vigilen tanto la vida del pasaje como el estado de las plantaciones y mitiguen un poco el impacto de la lluvia venteada. **+** Conformar con el PM flexible de la cubierta del estacionamiento una escalinata en el costado norte y una rampa en el sur para permitir una afluencia de transeúntes permanente, siempre en busca de una travesía. Este paso elevado por el interior de la manzana genera una fricción o desaceleración del ciudadano y le permite enterarse de las actividades de formación y cultura agendadas en el auditorio, al que se accede desde este vestíbulo-pasaje. El efecto Venturi que produce el estrechamiento en las secciones de ambos costados genera un clima agradable que invita a permanecer. Así, el pasaje opera como plaza de estancia y convivencia.

Solución estructural | cubierta | cerramientos. Pórticos en concreto armado | cerchas en ángulos metálicos más teja translúcida en PVC y cielo falso en madera | bloque de concreto blanco a la vista.

Intent | challenge. Assemble a civic instrument that effectively relates the extraordinary views over the banana plantations and the urban fabric of the municipality of Apartadó with the itineraries of the routes set out by the transversal bridges and the stairs deployed under the central pergola. Foster a rich civic life in the interior street and covered gallery, which serves as a vestibular ambulatory for the building's two volumes, which in turn unites the two streets that demarcate it on its north and south sides.

Sectional strategy | performance of the Casting Plenum (CP). Break the building down into two mediated programmatic bodies to form a civic space in the form of an urban passage that enables the flow of pedestrians, air and visuals. **+** To develop a large pergola roof with a flexible toothed CP that serves as an efficient diffuser to achieve ideal thermal and acoustic comfort, without the need for mechanical air conditioning. The concept of "civic antechamber" is able to generate spontaneous business relationships among its members. **+** Create two marquee balconies that monitor both the life of the passage and the state of the plantations and somewhat mitigate the impact of the wind-blown rain. **+** With the flexible CP of the garage roof, form a stairway on the north side and a ramp on the south to allow a continual flow of pedestrians, in search of a crossing. This elevated passage through the interior of the block generates a point of friction or deceleration for citizens and allows them to find out about the training and cultural activities scheduled in the auditorium, which is accessed from this lobby-passage. The Venturi effect produced by the narrowing of the sections of both sides generates a pleasant climate that invites people to linger. As a result, the passage operates as a place of habitation and coexistence.

Structural solution | roof | enclosures. Reinforced concrete porticoes | trusses in metal profiles plus translucent PVC tiles and timber false ceiling | exposed white concrete block.

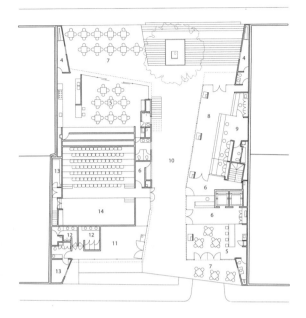

Planta nivel 1 Level 1 Plan

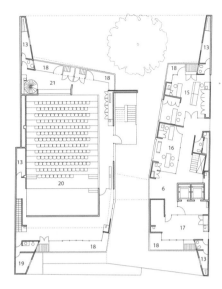

Planta nivel 2 Level 2 Plan

Planta nivel -1 Level -1 Plan

1 **Acceso** Entrance
2 **Portería** Porter's lodge
3 **Parqueaderos** Parking
4 **Cuarto técnico** Technical room
5 **Local comercial** Retail store
6 **Hall** Hall
7 **Terraza comercial** Retail terrace
8 **Registro** Registry
9 **Registro mercantil** Commercial registry
10 **Corredor urbano** Urban corridor
11 **Hall auditorio** Auditorium hall
12 **Baños** WC
13 **Cuarto útil** Storage
14 **Escenario auditorio** Auditorium stage
15 **Contabilidad** Accounts
16 **Promoción y desarrollo** Marketing & development
17 **Sistemas** Systems
18 **Balcón** Balcony
19 **Camerinos** Dressing rooms
20 **Auditorio** Auditorium
21 **Cabina de proyección** Projection room
22 **Dirección** Administration
23 **Archivo** Archive
24 **Puente** Bridge
25 **Oficina** Office
26 **Centro de documentación** Documentation center
27 **División oficinas y/o aulas** Office and/or classroom division
28 **Áreas alquilables** Areas available for rent
29 **Sala de juntas** Meeting room
30 **Mirador** Viewing balcony

0 1   5   10   15   30

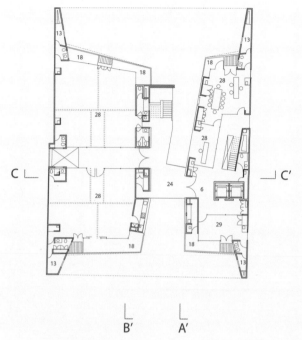

Planta nivel 7 Level 7 Plan

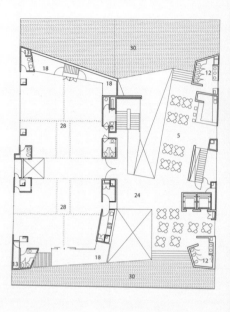

Planta nivel 8 Level 8 Plan

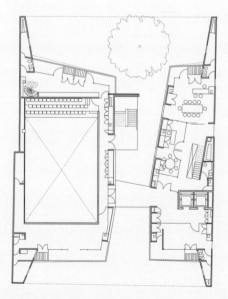

Planta nivel 4 Level 4 Plan

1 **Acceso** Entrance
2 **Portería** Porter's lodge
3 **Parqueaderos** Parking
4 **Cuarto técnico** Technical room
5 **Local comercial** Retail store
6 **Hall** Hall
7 **Terraza comercial** Retail terrace
8 **Registro** Registry
9 **Registro mercantil** Commercial registry
10 **Corredor urbano** Urban corridor
11 **Hall auditorio** Auditorium hall
12 **Baños** WC
13 **Cuarto útil** Storage
14 **Escenario auditorio** Auditorium stage
15 **Contabilidad** Accounts
16 **Promoción y desarrollo** Marketing & development
17 **Sistemas** Systems
18 **Balcón** Balcony
19 **Camerinos** Dressing rooms
20 **Auditorio** Auditorium
21 **Cabina de proyección** Projection room
22 **Dirección** Administration
23 **Archivo** Archive
24 **Puente** Bridge
25 **Oficina** Office
26 **Centro de documentación** Documentation center
27 **División oficinas y/o aulas** Office and/or classroom division
28 **Áreas alquilables** Areas available for rent
29 **Sala de juntas** Meeting room
30 **Mirador** Viewing balcony

0 1   5   10   15   30

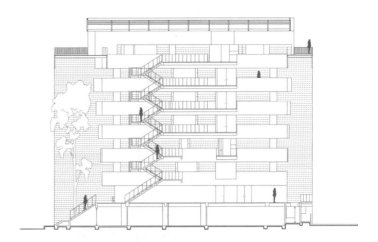

Sección A - A' Section A - A'

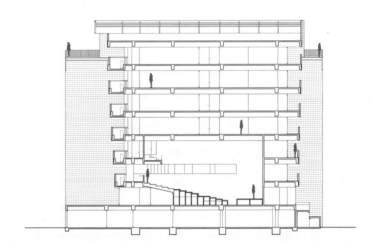

Sección B - B' Section B - B'

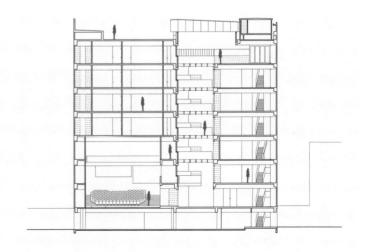

Sección C - C' Section C - C'

0 1   5   10   20

Edificio de Acceso - Núcleo Comfama, Parque Arví

Acción | instrumento | cuerpo. Recibir, distribuir | repartidor | 3 pisos | altura máxima: 8.20 m + ancho promedio: 20 m + largo: 103 m + área: 1,385 m^2 **Lugar de emplazamiento | altura sobre nivel del mar | ubicación.** Reserva forestal y arqueológica de 130 hectáreas en zona rural | 2,461 msnm | Medellín, Antioquia, Colombia

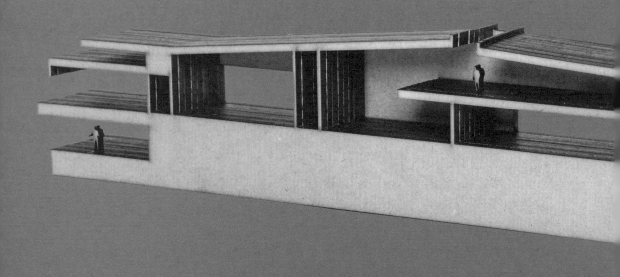

Access Building - Núcleo Comfama, Arví Park

Action | instrument | body. Receive, distribute | delivery | 3 floors | maximum height: 8.20 m + average width: 20 m + length: 103 m + area: 1,385 m²
Site of placement | height above sea level | location. 130 hectare forest and archaeological reserve in rural area | 2,461 masl | Medellin, Antioquia, Colombia

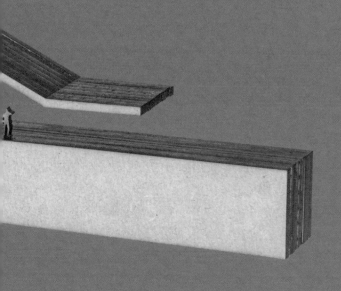

Intención | reto. Ensamblar un instrumento cívico que cumpliera una función operativa múltiple —sede administrativa, paradero de autobuses, área de mantenimiento y control de acceso—, que a su vez atendiera una responsabilidad social y operara como un mercado de fin de semana para productos agrícolas de la región.

Estrategia seccional | desempeño del Plenum Moldeante (PM). Desarrollar una cubierta verde pendentada que se plegara como un caparazón, con alturas variables para acomodarse a las exigencias de protección hasta alcanzar una doble altura, para generar un mezzanine administrativo que mantiene contacto visual con todo el vestíbulo de acceso.
+ La variación escalar del PM rígido se acomoda a los autobuses y los peatones mientras conduce perspectivas vinculantes con el paisaje que circunda este gran recibidor. Para enfatizar estos cuadros verdes, la sección proporciona enormes voladizos y grandes luces para apaisar las visuales. **+** Todos los apoyos se llevan al centro para lograr que la cubierta adquiera una condición de manto flotado estratificado. Este traslape de planos en la cubierta proporciona una ventilación eficiente y protege siempre a los visitantes de las lluvias constantes. **+** Como las secciones en concreto descartan cerramientos portantes, estos se desarrollan como un tejido blando en madera dilatada que opera como un biombo que respira de manera permanente.

Solución estructural | cubierta | cerramientos. Núcleos en concreto armado y losas nervadas en el costado superior | cubierta verde extensiva con tragaluces | persianas en madera con soporte metálico y muros de contención en concreto.

Intent | challenge. Assemble a civic instrument that fulfills a multiple operational function as administrative structure, bus stop, maintenance area and access control, and that in turn fulfills a social responsibility and operates as a weekend market for agricultural products in the region.

Sectional strategy | performance of the Casting Plenum (CP). Develop a sloping green roof that folds like a shell, with variable heights to accommodate the requirements of protection until reaching double height, to generate an administrative mezzanine that maintains visual contact with the entire access lobby.
+ The scaled variation of the rigid CP accommodates buses and pedestrians while determining binding perspectives with the landscape surrounding this great hall. To emphasize these green squares, the section provides great overhangs and large lights to landscape the visuals. All the supports are clustered at the center so that the roof acquires the condition of a stratified floating mantle. This overlap of planes on the roof provides efficient ventilation and protects users from the constant rains. Since the concrete sections reject load-bearing walls, these are instead formed by a soft tissue in expanded wood that operates as a screen that is able to breathe.

Structural solution | roof | enclosures. Cores in reinforced concrete and ribbed slabs on the upper side | extensive green roof with skylights | shutters in wood with metal support and retaining walls in concrete.

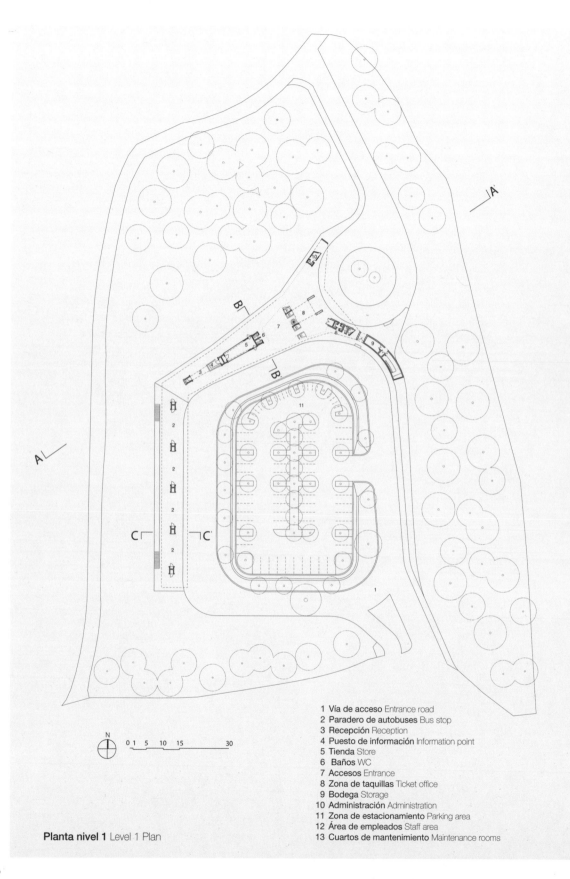

N

0 1 5   10 15   30

1 **Vía de acceso** Entrance road
2 **Paradero de autobuses** Bus stop
3 **Recepción** Reception
4 **Puesto de información** Information point
5 **Tienda** Store
6 **Baños** WC
7 **Accesos** Entrance
8 **Zona de taquillas** Ticket office
9 **Bodega** Storage
10 **Administración** Administration
11 **Zona de estacionamiento** Parking area
12 **Área de empleados** Staff area
13 **Cuartos de mantenimiento** Maintenance rooms

Planta nivel 1 Level 1 Plan

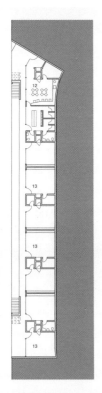

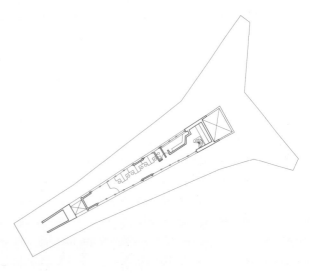

Planta nivel 2 (oficinas) Level 2 Plan (Offices)

Planta nivel -1 Level -1 Plan

Sección A - A' Section A - A'

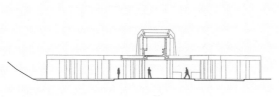

Sección B - B' Section B - B'

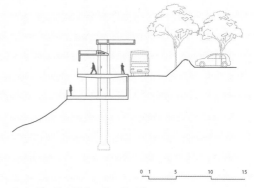

Sección C - C' Section C - C'

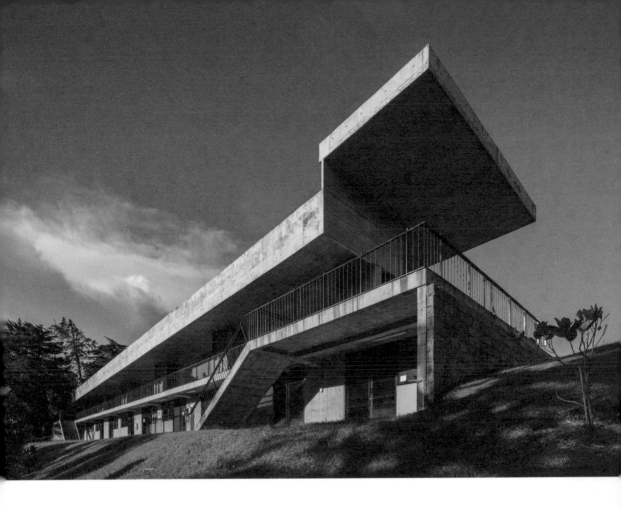

Edificio La Guaca, Núcleo Comfama, Parque Arví

Acción | instrumento | cuerpo. Presentar, cultivar |
receptáculo | 2 niveles en 1 piso + altura máxima: 11.10 m
+ ancho: 40 m + largo: 40 m + área: 1,564 m²
**Lugar de emplazamiento | altura sobre nivel del mar
| ubicación**. Reserva forestal y arqueológica de 130
hectáreas en zona rural | 2,461 msnm | Medellín,
Antioquia, Colombia

La Guaca Building, Núcleo Comfama, Arví Park

Action | instrument | body. Present, cultivate | receptacle | 2 levels on 1 floor + maximum height: 11.10 m + width: 40 m + length: 40 m + area: 1,564 m² **Site of placement | height above sea level | location.** 130 hectare forest and archaeological reserve in rural area | 2,461 masl | Medellin, Antioquia, Colombia

Intención | reto

Ensamblar un instrumento cívico que incite la curiosidad y rememore la tradición de búsqueda de guacas o entierros indígenas. Que sirva también como receptáculo para la exhibición de piezas arqueológicas halladas en el Parque y otras de valor antropológico del sector, así como la interpretación de música de cámara y corales. Que su cima resulte una plataforma para la observación astronómica, condición ideal del lugar.

Estrategia seccional | desempeño del Plenum Moldeante (PM)

Desarrollar una cubierta verde piramidal que permita rematar de manera natural el montículo preexistente, mientras el PM flexible conforma en su interior un recinto en forma de vasija, propicio para exhibir o presentar piezas y eventos de valor cultural, activado lumínicamente con un sistema de óculos y ranuras cenitales. Los visores piramidales que surgen del PM flexible conectan el interior de la tierra con el firmamento y operan como buffers para la cualificación acústica, le confieren una acentuada profundidad a la masa superior de la cubierta, que con sus tres aguas se ensambla con una planta hexagonal y produce un vasto número de secciones diferenciales. Esta simple acción de superposición, sumada a las tres grietas de acceso tangenciales, le da al recinto un carácter más de cueva pétrea que de edificio enterrado. + Todas las perspectivas vinculantes son manipuladas por planos diagonales en planta y sección, el recinto presenta escalas variadas que lo asemejan a un nido socavado en la tierra.

Solución estructural | cubierta | cerramientos

Estructura laminar en concreto armado | cubierta verde extensiva con tragaluces en lámina metálica | muros de contención en concreto.

Intent | challenge. Assemble a civic instrument that incites curiosity and remembers the tradition of searching for indigenous burials or guacas. It also serves as a receptacle for the exhibition of archaeological pieces found in the Park and others of anthropological value in the sector, as well as for chamber music and choral music performances. Its top is a platform for astronomical observation, for which the place provides ideal conditions.

Sectional strategy | performance of the Casting Plenum (CP). Develop a pyramidal green roof that allows the pre-existing mound to be finished in a natural way, while the flexible CP forms an enclosure in the shape of a vessel, suitable for exhibiting or presenting pieces and events of cultural value, illuminated with a system of oculi and overhead grooves. The pyramidal visors that emerge from the flexible CP connect the interior of the earth with the firmament and operate as buffers for the acoustic calibration, giving an accentuated depth to the upper mass of the roof, which with its three slopes is joined with a hexagonal floor and produces a vast number of differential sections. This simple action of overlaying, added to the three tangential access fissures, gives the enclosure a character more like a stone cave than a buried building. + All the binding perspectives are manipulated by diagonal planes in plan and section, the enclosure presents varied scales that resemble a nest carved out of the earth.

Structural solution | roof | enclosures. Laminated structure in reinforced concrete | extensive green roof with metal sheet skylights | concrete retaining walls.

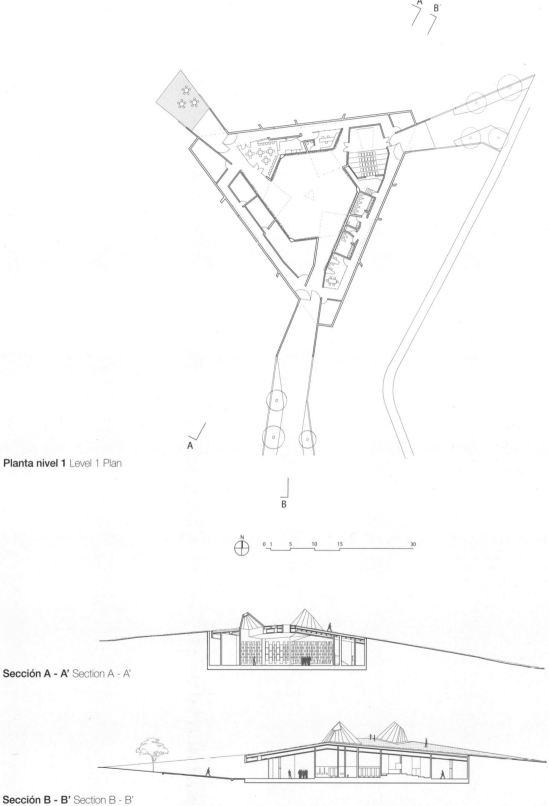

Planta nivel 1 Level 1 Plan

Sección A - A' Section A - A'

Sección B - B' Section B - B'

Edificio Ciempiés, Núcleo Comfama, Parque Arví

Acción | instrumento | cuerpo. Capacitar, contemplar | visualizador | 2 niveles en 1 piso + altura máxima: 6 m + ancho: 17 m + largo: 153 m + área: 3,241 m²
Lugar de emplazamiento | altura sobre nivel del mar | ubicación. Reserva forestal y arqueológica de 130 hectáreas en zona rural | 2,461 msnm | Medellín, Antioquia, Colombia

Caterpillar Building, Núcleo Comfama, Arví Park

Action | instrument | body. Train, contemplate | visualizer | 2 levels on 1 floor + maximum height: 6 m + width: 17 m + length: 153 m + area: 3,241 m²
Site of placement | height above sea level | location. 130-hectare forest and archaeological reserve in rural area | 2,461 masl | Medellin, Antioquia, Colombia

Intención | reto. Ensamblar un instrumento cívico que trascienda la función de capacitación y opere también como un mirador serpenteante, palafítico y extraordinario, que exalte una fuerte relación con el valor ambiental del lugar. Desarrollar una cadena flexible de urnas acristaladas multipropósitos que se adapten a las condiciones del terreno, proteger la riqueza de la flora y fauna, y sortear los yacimientos arqueológicos que surjan en las excavaciones. Que en la noche opere como una cinta lumínica de gran formato para resaltar la masa arbórea perimetral.

Estrategia seccional | desempeño del Plenum Moldeante (PM). Desarrollar una cubierta verde pendentada para un riego natural por gravedad, que capte el agua de lluvia, conducida por las gárgolas cónicas y sus cadenas a tanques recolectores. Que opere a su vez como regulador climático y lumínico con sus perforaciones cenitales. **+** El PM elástico macizo de sus enormes marquesinas acarteladas conduce de manera sutil la radiación lumínica matizada y a su vez facilitan la evacuación del aire caliente generado en los recintos habitados. En el centro, su musculatura aumenta la masa corpórea para agudizar los tragaluces. **+** El PM elástico macizo del piso genera un desnivel entre el corredor de servicio y el *deck* mirador atirantado. Esta diferencia garantiza que los usuarios de los recintos de capacitación siempre tengan una vista ininterrumpida. **+** Los soportes palafíticos que se van cerrando hacia el terreno, le proveen una apariencia ligera. Cuando el volumen se aprecia desde la distancia parece más una plataforma que despega o flota sobre el bosque. Esta circunstancia permite el flujo libre de especies de flora y fauna, así como de escorrentía.

Solución estructural | cubierta | cerramientos. Pórticos en concreto armado con *deck* en estructura metálica atirantada, más madera | losa más cubierta ecológica extensiva | bloques de concreto más paneles vidriados inclinados con marcos en aluminio negro.

Intent | challenge. Assemble a civic instrument that transcends its training function to also operate as an extraordinary serpentine, stilted vantage point that emphasizes a strong relationship with the environmental value of the site. Develop a flexible chain of multi-purpose glass cases that adapt to the conditions of the terrain, protect the richness of the flora and fauna, and avoid any archaeological sites that emerge in the excavations. At night it operates like a large-scale luminous band, highlighting the perimeter of trees.

Sectional strategy | performance of the Casting Plenum (CP). Develop a sloping green cover for natural gravity fed irrigation, which captures the rainwater, which is led by conical spouts and chains to collecting tanks. It also operates as a regulator of light and temperature with its overhead perforations. **+** The solid elastic CP of its huge sheltered canopies subtly conducts the nuanced light and at the same time facilitates the removal of the hot air generated in the inhabited spaces. In the center, its musculature increases its corporeal mass to emphasize the skylights. **+** The solid elastic CP of the floor generates a difference in height between the service corridor and the cable-stayed observation deck. This difference in height ensures that the users of the training facilities always have an uninterrupted view. **+** The stilt supports, which narrow towards the ground, grant it a lightweight appearance. When the volume is seen from a distance it looks more like a platform that floats over the forest. This allows the free movement of species of flora and fauna, as well as water runoff.

Structural solution | roof | enclosures. Reinforced concrete porticoes with *deck* on a cable-stayed metal structure, plus wood | slab and extensive green roof | concrete blocks plus inclined glazed panels with black aluminum frames.

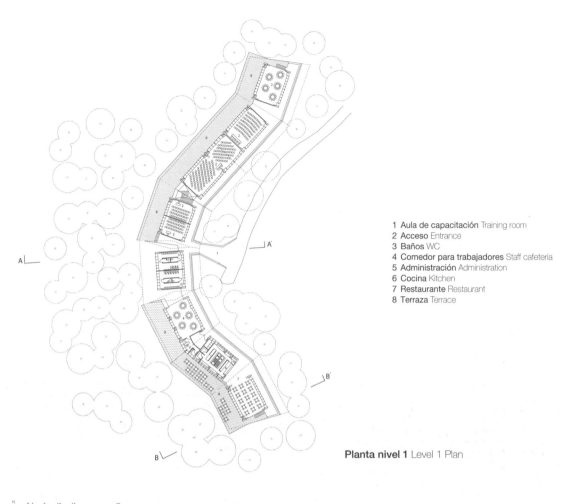

1 Aula de capacitación Training room
2 Acceso Entrance
3 Baños WC
4 Comedor para trabajadores Staff cafeteria
5 Administración Administration
6 Cocina Kitchen
7 Restaurante Restaurant
8 Terraza Terrace

Planta nivel 1 Level 1 Plan

N 0 1 5 10 15   30

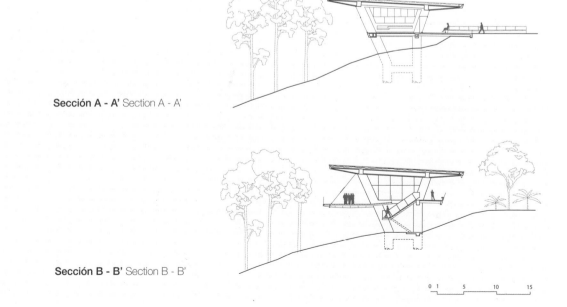

Sección A - A' Section A - A'

Sección B - B' Section B - B'

0 1   5   10   15

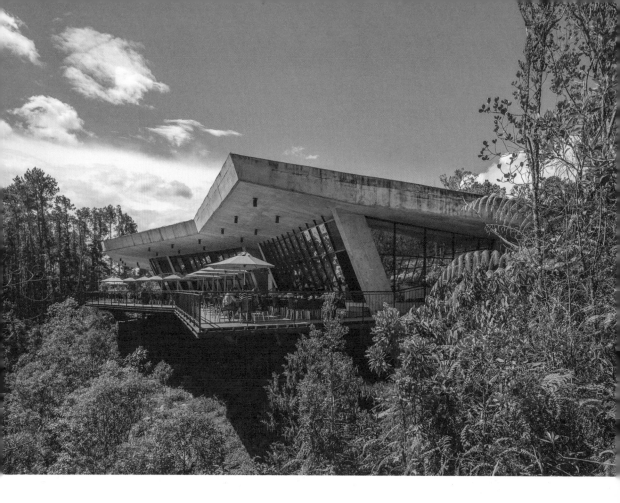

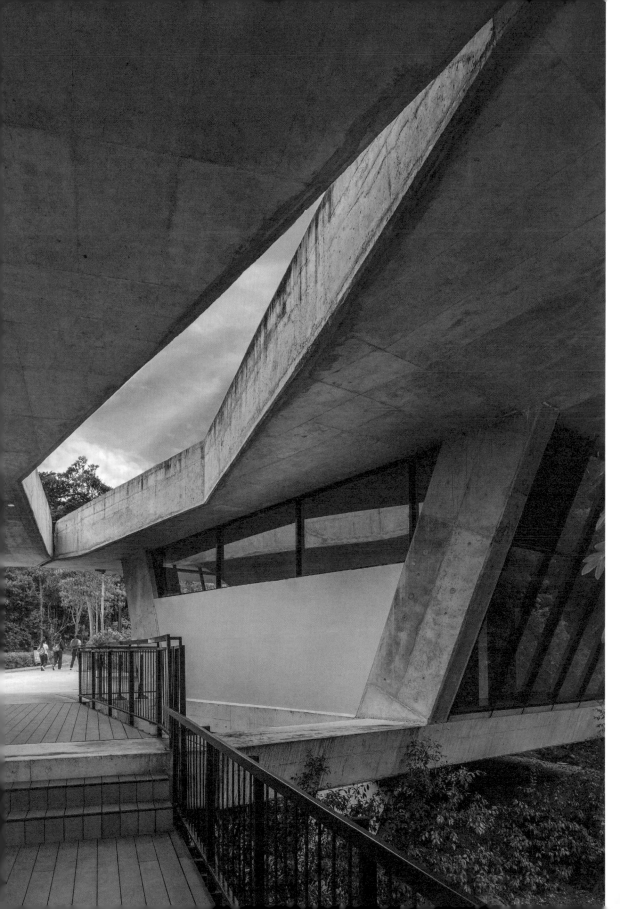

Módulo Silleta, Núcleo Comfama, Parque Arví

Acción | instrumento | cuerpo. Orientación,
hidratación, exposición | expositor | 1 piso + altura
máxima: 5.80 m + ancho: 16.90 m + largo: 20.20 m +
área por módulo: 146 m² + área total de los 7 módulos:
1,022 m²
**Lugar de emplazamiento | altura sobre nivel del
mar | ubicación.** Reserva forestal y arqueológica de
130 hectáreas en zona rural | 2,461 msnm | Medellín,
Antioquia, Colombia

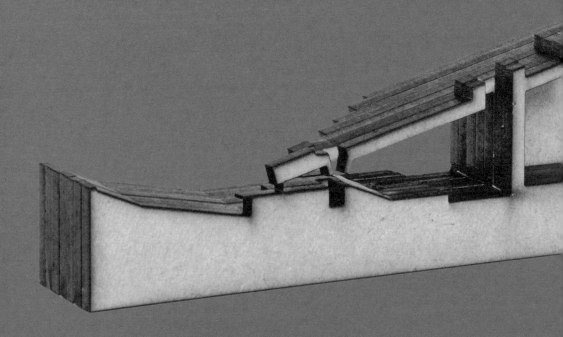

Saddle Module, Núcleo Comfama, Arví Park

Action | instrument | body. Orientation, hydration, exhibition | exhibitor | 1 floor + maximum height: 5.80 m + width: 16.90 m + length: 20.20 m + area per module: 146 m^2 + total area of the 7 modules: 1,022 m^2
Site of placement | height above sea level | location. 130-hectare forest and archaeological reserve in rural area | 2,461 masl | Medellin, Antioquia, Colombia

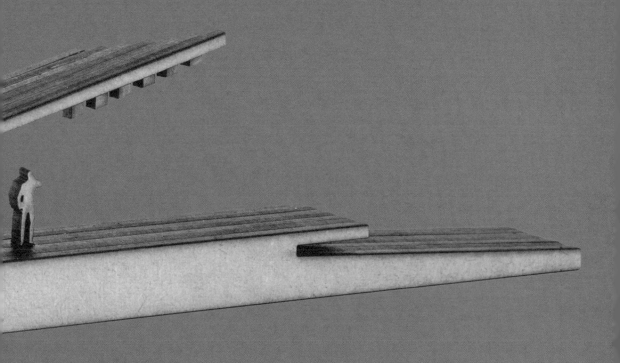

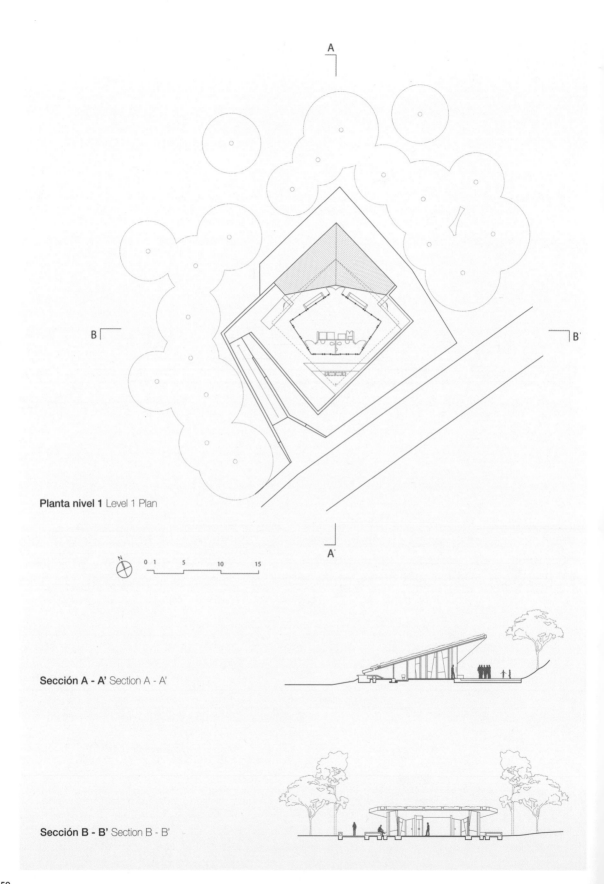

Planta nivel 1 Level 1 Plan

N   0 1   5   10   15

Sección A - A' Section A - A'

Sección B - B' Section B - B'

Intención | reto. Ensamblar un instrumento cívico que conmemorara la tradición de las silletas y sirviera para organizar el paisaje de todas las unidades de servicio y apoyo del parque, como puestos de guías, cafeterías, asistencia médica, servicios sanitarios, espacios de reunión y esparcimiento, que en la noche operaran como enormes faroles para orientar a los transeúntes y resaltar el patrimonio boscoso.

Estrategia seccional | desempeño del Plenum Moldeante (PM). Desarrollar una cubierta verde pendentada que permitiera el tránsito para la instalación y reemplazo de las 1 455 macetas plásticas con flores que operan como pixeles para reproducir los diseños de las silletas. Que sirviera también de coraza a los recintos de servicio escampados. **+** Por la excentricidad de sus apoyos, la losa de cubierta se desarrolló con un sistema de venas o viguetas radiales más cercanas a la nervadura de una hoja. **+** Su inclinación, que asciende desde la vía hacia el bosque, permite que los transeúntes gocen de estos arreglos florales mientras las unidades operativas se ocultan y resguardan bajo este gran caparazón, que se apoya en sólo tres de sus vértices. Esta solución de apoyo le confiere a la pieza una condición de movilidad que hace referencia a las silletas tradicionales de Santa Elena, que el silletero carga durante el desfile. La fuga radical o inclinación de la carcasa proporciona un espectro de escalas que acercan la construcción más a un mueble de gran escala, una grieta o una caverna propia del paisaje montañoso. **+** El PM rígido de su cubierta asegura unos orificios cenitales que operan como dispositivos de fotosíntesis para la correcta ventilación e iluminación de las urnas acristaladas.

Solución estructural | cubierta | cerramientos. Estructura laminar en concreto armado con apoyo central en varilla maciza de acero | cubierta verde reticulada en 356 pixeles con especies vegetales florales | vidrios de seguridad con cancelería metálica negra.

Intent | challenge. Assemble a civic instrument to commemorate the tradition of saddles and to organize the landscape of all the park's service and support units, such as guide posts, cafeterias, medical assistance, washrooms, meeting and recreation spaces, which at night will operate as great lanterns to guide users and enhance the natural forest heritage.

Sectional strategy | performance of the Casting Plenum (CP). Develop a sloping green roof that is transitable to enable the installation and replacement of the 1,455 plastic flower pots that operate as pixels to reproduce the designs of the saddles. This also serves as protection for the service spaces that it shelters. **+** Due to the eccentricity of its supports, the roof slab was developed with a system of radial veins or joists that resemble the ribbing of a leaf. **+** Its inclination, which ascends from the road towards the forest, allows users to appreciate these floral arrangements while the operational units are hidden and sheltered under this large carapace, which rests on just three of its vertices. This support solution grants the building a mobile condition that recalls the traditional saddles of Santa Elena, which the saddle-maker carries during the parade. The radical angle or slope of this carapace provides a spectrum of scales that make the construction more like a large-scale piece of furniture, a crack or a cavern in the mountainous landscape. **+** The rigid CP of its roof provides overhead openings that operate as photosynthesis devices for the correct ventilation and illumination of the glass cases.

Structural solution | roof | enclosures. Laminar structure in reinforced concrete with central support made from solid steel rods | reticulated green cover in 356 pixels with floral plant species | safety glass with black metallic window frames.

Parque Educativo Balcones del Saber

Acción | instrumento | cuerpo. Enseñar, cultivar,
recrear | amplificador | 4 niveles en 2 pisos + altura
máxima: 10 m + ancho: 21.30 m + largo: 26.80 m +
área: 720 m²
**Lugar de emplazamiento | altura sobre nivel del mar
| ubicación.** Parque Botánico en zona suburbana |
1,417 msnm | Tarso, Antioquia, Colombia

Balcones del Saber Educational Park

Action | instrument | body. Teach, cultivate, recreate | amplifier | 4 levels in 2 floors + maximum height: 10 m + width: 21.30 m + length: 26.80 m + area: 720 m²
Site of placement | height above sea level | location. Botanic Garden in suburban area | 1,417 masl | Tarso, Antioquia, Colombia

Intención | reto. Ensamblar un instrumento cívico que permitiera relacionar de manera efectiva la imponente exuberancia del Parque Botánico y sus intrigantes formaciones pétreas con la actividad ciudadana resguardada por el corredor vestibular configurado como teatro, que explotara siempre la condición de balcón sobre el paisaje y la cabecera municipal.

Estrategia seccional | desempeño del Plenum Moldeante (PM). Descomponer el edificio en cuatro cuerpos programáticos abalconados a medios niveles para desarticular su volumen y conformar un espacio central que pudiera operar como plaza, vestíbulo, patio y teatro. ✚ Proporcionar un escalonamiento entre los volúmenes que garantizara su operación autónoma y concentrada, con la posibilidad permanente de integrarse al gran deambulatorio vestibular, desplegado al centro y en el perímetro del conjunto, para asegurar perspectivas contundentes vinculantes con el entorno paisajístico. Desarrollar una gran cubierta apergolada, con un PM flexible que sirva de difusor eficiente para alcanzar un confort térmico y acústico ideal, sin necesidad de acondicionamiento mecánico. Lograr un concepto de "invernadero cultural" permanente con capacidad de generación espontánea vivencial. Los grandes voladizos de esta visera mitigan la incidencia solar para obtener vistas nítidas y confortables sin deslumbramiento. Por debajo de este inmenso textil de guadua podrán circular la flora y la fauna de este oasis natural. ✚ Desarrollar unas superficies rampadas en las cubiertas de las dos aulas de cómputo para generar dos aulas virtuales nuevas para actividades académicas y expositivas aleatorias. ✚ El entramado de secciones facilita un sistema de antecámaras, cámaras y recámaras cuyas veladuras operan a discreción por medio de paneles corredizos y pivotante que confieren un carácter de vitrina activa a todas las estancias. Ver y ser vistos promueve un voyerismo cultural estimulante para los procesos de aprendizaje.

Solución estructural | cubierta | cerramientos. Pórticos en concreto armado | cerchas en ángulos metálicos más teja traslúcida de PVC y cielo falso en guadua | bloque de concreto a la vista.

Intent | challenge. Assemble a civic instrument that effectively relates the imposing exuberance of the Botanic Garden and its intriguing rock formations with the citizen activities sheltered by the corridor configured as a theater, and for it to exploit its condition as a balcony over the landscape and the municipal center.

Sectional strategy | performance of the Casting Plenum (CP). Break the building down into four programmatic bodies with balconies on the half-floors to remove mass from its volume and form a central space that can operate as a plaza, lobby, courtyard and theater. ✚ Create staggering between the volumes to guarantee its autonomous and focused operation, with the permanent possibility of integrating in with the large vestibular ambulatory, laid out in the center and the perimeter of the complex, to ensure compelling binding perspectives with the surrounding landscape. Develop a large roof with a pergola, with a flexible CP that serves as an efficient diffuser to achieve ideal thermal and acoustic comfort, without the need for mechanical conditioning. Achieve a permanent "greenhouse" concept with the capacity for spontaneous generation of experiences. The large overhangs of this visor mitigate solar gain to obtain clear and comfortable views without glare. Under this vast guadua bamboo textile, the flora and fauna of this natural oasis are able to circulate. ✚ Develop ramp surfaces on the roofs of the two computer rooms to generate two new virtual classrooms for various academic and presentation activities. ✚ The sectioned framework facilitates a system of antechambers, chambers and bedrooms with glazing that operates at discretion by means of sliding and pivoting panels that confer the character of an active showcase to all the rooms. Seeing and being seen promotes a stimulating cultural voyeurism for learning processes.

Structural solution | roof | enclosures. Reinforced concrete porticoes | trusses in metal profiles plus translucent PVC tile and false ceiling in guadua bamboo | exposed concrete block.

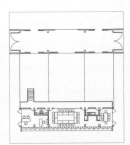

Planta nivel 2 Level 2 Plan

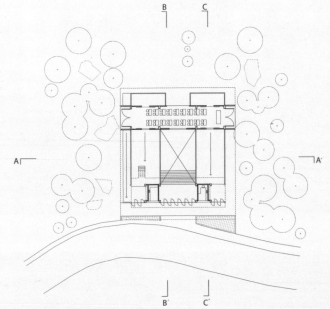

Planta nivel 1 Level 1 Plan

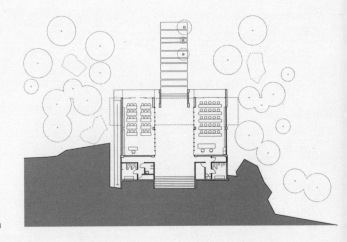

Planta nivel -1 Level -1 Plan

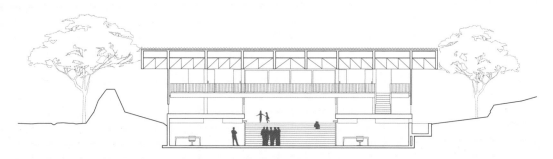

Sección A - A' Section A - A'

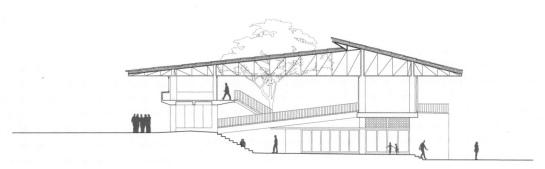

Sección B - B' Section B - B'

0 1   5   10   15

Sección C - C' Section C - C'

Fundación Educativa Guillermo Ponce de León

Acción | instrumento | cuerpo. Enseñar, cultivar | incubadora | bloque administrativo + 4 niveles en 2 pisos + altura máxima: 11 m + ancho promedio: 16 m + largo: 76.60 m + área: 1,477m² | módulo aula + 1 piso + altura máxima: 7.10 m + ancho: 8.60 m + largo: 11.50 m + área: 80 m²
Lugar de emplazamiento | altura sobre nivel del mar | ubicación. Explanada entre la planta de producción de levadura Levapan y el Parque de la Guadua en zona suburbana | 1,605 msnm | Tuluá, Valle del Cauca, Colombia

Guillermo Ponce de León Educational Foundation

Action | instrument | body. Teach, cultivate |
incubator | administrative block + 4 levels on 2 floors +
maximum height: 11 m + average width: 16 m + length:
76.60 m + area: 1,477m^2 | classroom module + 1 floor +
maximum height: 7.10 m + width: 8.60 m + length:
11.50 m + area: 80 m^2
Site of placement | height above sea level | location.
Esplanade between the Levapan yeast production plant
and the Guadua Park in a suburban zone | 1,605 masl |
Tuluá, Valle del Cauca, Colombia

Intención | reto. Ensamblar un instrumento cívico que trascienda la función pedagógica y opere también como un centro de capacitación y recreación que se involucre por completo con la estructura verde del parque. Que las aulas o pequeñas malocas queden sumergidas en el bosque plantado. El edificio de servicios complementarios delinea un umbral urbano escampado y activo que media entre la arteria vial y el jardín interior.

Estrategia seccional | desempeño del Plenum Moldeante (PM). Desarrollar la cubierta como un complejo PM flexible aeróbico que conduzca la iluminación controlada hacia el área de tablero o proyección, a la vez que su penacho opera como una chimenea para la evacuación natural del aire caliente. Le confiere al aula-maloca una multiplicidad de escalas que permiten que el recinto sirva para actividades y usos varios. ✚ Las alas de este "sombrero habitable" se extienden hacia el jardín para incorporarlo con el interior por medio de superficies apersianadas, cuya apertura está dispuesta en numerosos tableros. ✚ Para resistir la humedad de este creciente bosque tropical, las malocas se levantan para conectarse a los muelles de circulación y acentuar este concepto de archipiélago ambiental que brinda balcones permanentes a sus moradores, aun en medio de aguaceros torrenciales. ✚ El plegado de la cubierta busca acercar al estudiante al concepto de habitar un nido más que una simple aula de clase, lo que fomenta una atmósfera propicia para el desarrollo físico, mental y espiritual. El ambiente creado por el entramado seccional tiene la responsabilidad de generar el sentimiento de no querer abandonar este nicho ecológico, un hipervolumen en el que caben las dimensiones correspondientes a los factores bióticos, abióticos y antrópicos con los que el organismo se relaciona.

Solución estructural | cubierta | cerramientos. Bloque cultural en pórticos de concreto armado | módulo de aulas con muros y pórticos en concreto armado | cerchas en ángulos metálicos más membrana en *superboard* con impermeabilizante de pintura plástica | bloques de concreto revocados y pintura blanca.

Intent | challenge. Assemble a civic instrument that transcends the pedagogical function and also operates as a training and recreation center that is fully engaged with the park's green structure. The classrooms or small longhouses are submerged in the planted forest. The complementary services building delineates an active, sheltered urban threshold that mediates between the arterial road and the inner garden.

Sectional strategy | performance of the Casting Plenum (CP). Develop the roof as a complex aerobic flexible CP that conducts the controlled lighting to the gameboard or projection area, while its plume operates as a chimney for the natural removal of hot air. It confers on the classroom-longhouse a multiplicity of scales that allow the enclosure to serve various different activities and uses. ✚ The wings of this "habitable hat" extend towards the garden to incorporate it into the interior by means of surfaces like slatted blinds, with openings formed by multiple slats. ✚ To withstand the humidity of this growing tropical forest, the longhouses are elevated to connect to the circulation piers and emphasize this concept of an environmental archipelago that provides permanent balconies for its inhabitants, even in the midst of torrential downpours. ✚ The folds of the roof are intended to bring the student closer to the idea of inhabiting a nest rather than a simple classroom, which fosters an atmosphere conducive to physical, mental and spiritual development. The environment created by the sectional framework is responsible for generating the feeling of not wanting to abandon this ecological niche, a hypervolume which has room for the dimensions corresponding to the biotic, non-biotic and anthropic factors with which the organism is related.

Structural solution | roof | enclosures. Cultural block constructed from reinforced concrete porticoes | classroom modules with reinforced concrete walls and porticoes | trusses in metal profiles plus superboard membrane with plastic paint waterproofing | plastered concrete blocks and white paint.

1 **Acceso** Entrance
2 **Aula polifuncional** Multi-purpose classroom
3 **Baños** WC
4 **Aulas de clase** Classrooms
5 **Auditorio** Auditorium
6 **Restaurante escolar** School cafeteria
7 **Cocineta** Kitchenette
8 **Zona de mesas** Outdoor tables
9 **Cancha polideportiva** Multi-sports pitch
10 **Biblioteca** Library
11 **Oficina** Office

Planta nivel 1 Level 1 Plan

0 1   5   10   15   30

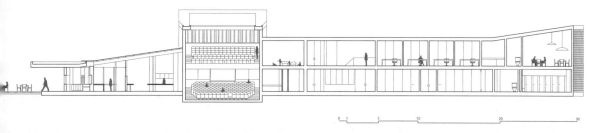

0 1   5   10   20   30

Sección A - A' Section A - A'

Sección B - B' Section B - B'

Sección C - C' Section C - C'

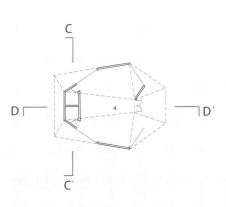

C

D[   ]D'

4

C'

Planta tipo Typical Plan

Sección D - D' Section D - D'

Edificio Universidad Ciudad, Jorge Hoyos Vásquez S.J.

Acción | instrumento | cuerpo. Enseñar, atender, administrar | intercambiador | 15 niveles en 10 pisos + altura máxima: 37.95 m + ancho promedio: 15 m + largo: 87.50 m + área: 11,300 m²
Lugar de emplazamiento | altura sobre nivel del mar | ubicación. Campus de la Pontificia Universidad Javeriana en zona urbana | 2,598 msnm | Bogotá, Cundinamarca, Colombia

University City Building, Jorge Hoyos Vásquez S.J.

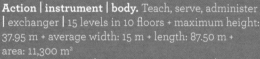

Action | instrument | body. Teach, serve, administer | exchanger | 15 levels in 10 floors + maximum height: 37.95 m + average width: 15 m + length: 87.50 m + area: 11,300 m²
Site of placement | height above sea level | location. Campus of the Pontificia Universidad Javeriana in an urban area | 2,598 masl | Bogota, Cundinamarca, Colombia

Intención | reto. Ensamblar un instrumento cívico que permitiera relacionar el interior escalonado del campus con su valor ambiental. Aprovechar al máximo la vitalidad de la ciudad con la condición de balcón y generar un intercambiador urbano sobre la carrera Séptima, arteria vial y peatonal de la ciudad de Bogotá.

Estrategia seccional | desempeño del Plenum Moldeante (PM). Descomponer el edificio en cinco cuerpos programáticos para desmasificar su volumen y apartarlo a la tipología muralla de sus vecinos. Generar dos rasgaduras horizontales a lo largo de toda la fachada oriental y occidental. La sección transversal procura cinco grietas verticales que permiten perspectivas vinculantes entre las dos realidades. El PM elástico del sexto nivel protege las áreas de alimentación y estudio del fuerte sol poniente de la tarde y abre las visuales hacia los espectaculares cerros orientales, lo que permite que la cálida luz de la mañana penetre en todo el espesor del edificio. Estos espacios escampados perimetrales a las cafeterías resguardan a los estudiantes mientras disfrutan de estos miradores exquisitos. **+** Desarrollar un falero en el décimo nivel que mitigue el impacto solar sobre los tres niveles de oficinas, lo que permite que la arborización del campus penetre hasta el fondo de los salones del MBA. Asegurar que los PM elásticos de la cubierta y el piso de los recintos superiores logren con su escalonamiento y angulación estas perspectivas verdes y alcanzar el nivel del balcón corrido sobre el lucernario que flota sobre el paisaje urbano, en último caso, que operen de forma casi telescópica. **+** Cegar e inclinar el PM rígido de la fachada occidental del cuerpo de oficinas para proteger del poniente y la contaminación sonora, mientras conduce el flujo de la luz hasta el séptimo nivel que asegura a su paso la iluminación en los corredores y genera un balcón interior que permite la integración visual entre todos los niveles de oficinas. **+** Implementar fachadas apersianadas permeables visualmente en el cuerpo de aulas del cuarto y quinto nivel. Esto da lugar a un intercambio efectivo entre la actividad académica interna, la vida urbana y del campus. **+** Buscar que el PM elástico de la cubierta del deambulatorio vestibular urbano disminuya la altura hacia el poniente para ser más efectivo en la protección solar y de lluvia. Afinar al máximo el ángulo visual para obtener las mejores perspectivas vinculantes entre el ámbito de la ciudad y el campus. En las oquedades en las que se asientan las actividades de atención institucional y los locales

Intent | challenge. Assemble a civic instrument that connects the stepped interior of the campus with its environmental value. Make the most of the vitality of the city with the condition of a balcony and generate an urban interchange on Carrera Séptima, a key road and pedestrian artery in the city of Bogota.

Sectional strategy | performance of the Casting Plenum (CP). Break the building down into five programmatic bodies to reduce the mass of its volume and distance it from the wall-like typology of its neighbors. Generate two horizontal tears along the length of the eastern and western façades. The cross-section provides five vertical cracks that allow binding perspectives between the two realities. The elastic CP of the sixth level protects the eating and study areas from the strong afternoon sun in the west, and opens up the visuals towards the spectacular eastern hills, which allows the warm morning light to penetrate the full thickness of the building. These sheltered spaces around the cafeterias protect the students while they enjoy these attractive viewpoints. **+** Develop a projecting façade on the tenth level that mitigates solar gain for the three levels of offices, which allows the spectacular images of the hills and the reforesting of the campus to penetrate to the depths of the rooms of the MBA . Ensure that the elastic CP of the roof and the floor of the upper enclosures achieve with their stepping and angles these green perspectives and reach the level of the running balcony over the skylight that floats above the urban landscape, in the last case, that they operate in an almost telescopic manner. **+** Blind and tilt the rigid CP of the western façade of the office volume to protect it from the western sun and noise pollution, while driving the flow of light up to the seventh level to provide illumination to the corridors as it passes and generates an interior balcony that allows visual integration between all office levels. **+** Implement visually permeable façades with blinds in the fourth and fifth level classrooms. This results in an effective exchange between internal academic activity and urban and campus life. **+** Seek that the elastic CP of the roof of the urban vestibular deambulatory decreases its height towards the west, in order to be more effective in sun and rain protection.

Fine-tune the visual angle to obtain the best binding perspectives between the city and the campus. In the hollows in which the institutional service activities and the banking premises are located in the basement, a walkway is developed over the voids that connects the covered platform of the Carrera Séptima with the motor lobby and a staircase that leads pedestrians towards the level of the campus's civic plaza, to avoid crossing the flow of traffic. ✚ Ensure that the elastic CP of the false ceiling of level zero opens towards the courtyards on the urban platform and towards the crack that provides light to the green wall that neutralizes or banishes the idea that this floor is a basement.

Structural solution | roof | enclosures. Upper body, levels 5-9: IPS bolted metal frame | lower body, levels 0-4: concrete cores with concrete slabs that generate large cantilevers | metal trusses plus lightweight insulating sandwich tile | eastern façade: floating glass façade and dry ventilated façade in superboard plus formica panels, aluminum fins | western façade: enclosure with expanded polystyrene filling for thermal and acoustic insulation.

bancarios que dan ojos al sótano, se desarrollan sobre los vacíos una pasarela que comunica el andén cubierto de la carrera Séptima con el *car lobby* y una escalera que conduce al peatón hacia el nivel de la plaza cívica del campus, para evitar cruzar el flujo vehicular. ✚ Asegurar que el PM elástico de la cubierta del cielo falso del nivel cero se vaya abriendo hacia los patios sobre el andén urbano y hacia la grieta que da luz al muro verde que neutraliza o destierra la noción de sótano de esta planta.

Solución estructural | cubierta | cerramientos. Cuerpo superior, niveles 5-9: armazón metálico en IPS pernado| cuerpo inferior, niveles 0-4: núcleos y losas de concreto que generan grandes voladizos | cerchas metálicas más teja ligera aislante tipo sándwich | fachada oriental: fachada flotante de vidrio y fachada ventilada seca en *superboard* más paneles de formica, aletas en aluminio | fachada occidental: cerramiento con relleno de poliestireno expandido para aislamiento térmico y acústico.

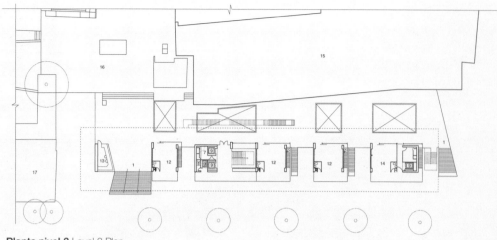

Planta nivel 2 Level 2 Plan

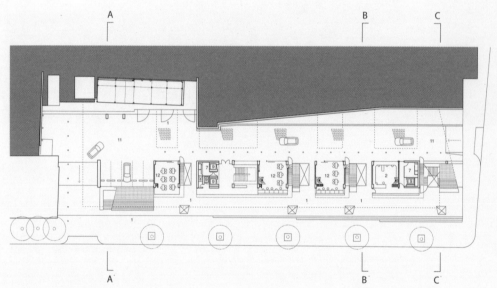

Planta nivel 1 Level 1 Plan

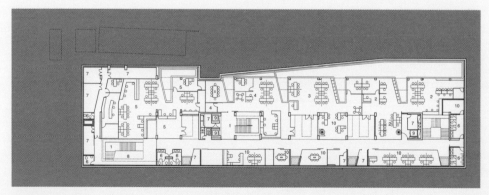

Planta nivel -1 Level -1 Plan

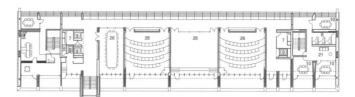

Planta nivel 9 Level 9 Plan

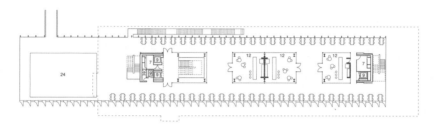

Planta nivel 5 Level 5 Plan

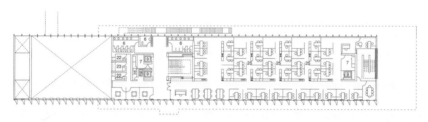

Planta nivel 4 Level 4 Plan

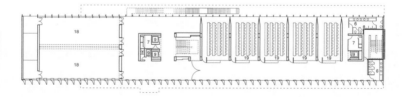

Planta nivel 3 Level 3 Plan

1 **Acceso** Entrance
2 **Admisiones y registro** Admissions and enrollment
3 **Promoción institucional** Marketing department
4 **Tesorería** Treasurer's office
5 **Apoyo financiero** Financial support
6 **Baños** WC
7 **Cuarto de máquinas** Machine room
8 **Espejo de agua** Reflecting pool
9 **Ascensores** Elevators

10 **Salón de reuniones** Meeting room
11 **Car lobby** Motor lobby
12 **Locales comerciales** Retail stores
13 **Cuarto de seguridad** Security room
14 **Café** Café
15 **Talleres existentes - Facultad de Diseño** Existing workshop - Faculty of Design
16 **Plaza** Plaza
17 **Edificio existente Emilio Arango S.J.** Existing building Emilio Arango S.J.
18 **Auditorio** Auditorium

19 **Aulas** Classrooms
20 **Balcones** Balconies
21 **Sala** Lecture theater
22 **Cabina de sonido** Sound booth
23 **Cabina de traducción** Translation booth
24 **Jardín** Garden
25 **Puestos de trabajo** Workspaces
26 **Aulas especializadas** Specialized classrooms

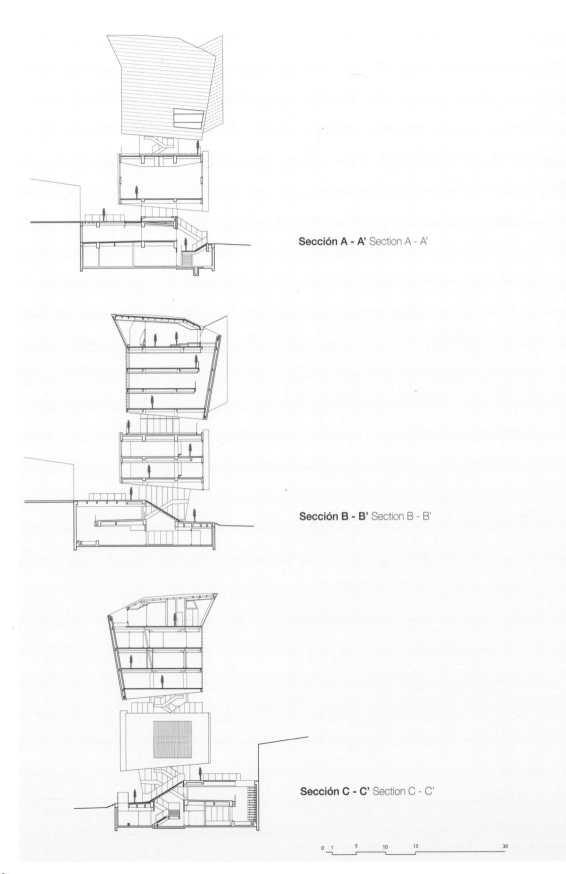

Sección A - A' Section A - A'

Sección B - B' Section B - B'

Sección C - C' Section C - C'

0 1   5   10   15   30

Templo de las Cenizas
Temple of Ashes

Localización Location:	Cementerio Campos De Paz – Medellín, Colombia
Año Year:	1998
Superficie construida Built surface area:	3.510 m²
Cliente Client:	Cementerio Campos de Paz
Arquitectos diseñadores Architects:	Arq. Felipe Uribe de Bedout
	Arq. Héctor Mejía
	Arq. Mauricio Gaviria
Arquitecto encargado del proyecto Project architect:	Arq. Alejandro Bernal

Parque de los Pies Descalzos - Museo del Agua
Barefoot Park, Water Museum

Localización Location:	Medellín, Colombia
Año Year:	1999
Superficie construida Built surface area:	30.411m² (Parque) 5.000m² (Museo Interactivo)
Cliente Client:	Empresas Públicas de Medellín (EPM)
Proyecto bajo la dirección de Project under the direction of:	Grupo de Investigación Laboratorio de Arquitectura y Urbanismo – LAUR – Universidad Pontificia Bolivariana
Arquitectos diseñadores Architects:	Arq. Felipe Uribe de Bedout
	Arq. Ana Elvira Vélez Villa
Asesoría urbana Urban consultant:	Arq. Giovanna Spera Velásquez
Colaboradores Assistants:	Arq. Andrés Montoya
	Arq. Guillermo Valencia Calle
	Arq. Catalina Hernández
	Arq. Orlando García Mejía
	Arq. Andrés Berrío
Supervisión arquitectónica Architectural supervisors:	Arq. Orlando García Mejía
	Arq. Felipe Uribe de Bedout

Parque de los Deseos - Casa de la Música
Park of Desires, House of Music

Localización Location:	Medellín, Colombia
Año Year:	Parque de Los Deseos 2003 y Casa de La Música 2005
Superficie construida Built surface area:	12.000 m² (Espacio Público) 6.500m² (Edificio)
Cliente Client:	Fundación EPM
Arquitecto diseñador Architect:	Arq. Felipe Uribe de Bedout
Arquitecto encargado Project architect:	Arq. Gerardo Olave Triana
Colaboradores Assistants:	Arq. Jenny Nieto
Practicantes Interns:	Andrés Daza + Alvaro Criollo López + Andres Castro Amaya + Nestor Riascos + Javier Sandoval Bautista + Alejandro Ochoa
Supervisión arquitectónica Architectural supervisors:	Arq. Sergio Gómez
	Arq. Jheny Nieto

Biblioteca EPM
EPM Library

Localización Location: Medellín, Colombia
Año Year: 2005
Superficie construida Built surface area: 15.475 m²
Cliente Client: Fundación EPM
Arquitecto diseñador Architect: Arq. Felipe Uribe de Bedout
Arquitecto encargado Project architect: Arq. Gerardo Olave Triana
Colaboradores Assistants: Arq. Manuel Villa
Arq. Jheny Nieto Ropero
Arq. Álvaro Criollo López
Practicantes Interns: Andrés Castro Amaya + Nestor Riascos +
Javier Sandoval Bautista
Supervisión arquitectónica: Arq. Juan Felipe Alarcón

Rituales Crematorio
Crematory Rituals

Localización Location: Guarne, Colombia
Año Year: 2007
Superficie construida Built surface area: Edificio: 749 m²
Cliente Client: Rituales Funerarios
Arquitecto diseñador Architect: Arq. Felipe Uribe de Bedout
Arquitecto encargado Project architect: Arq. Gerardo Olave Triana
Colaboradores Assistants: Arq. Jheny Nieto Ropero
Arq. Álvaro Criollo López
Practicantes Interns: Andrés Castro Amaya + Javier Sandoval +
Néstor Riascos
Supervisión arquitectónica Architectural supervisor: Arq. Álvaro Criollo López

Institución Educativa la Independencia
La Independencia Educational Institution

Localización Location: Medellín, Colombia
Año Year: 2009
Superficie construida Built surface area: 7.322m²
Cliente Client: Empresa de Desarrollo Urbano (EDU)
Alcaldía de Medellín
Empresas Públicas de Medellín (EPM)
Arquitecto diseñador Architect: Arq. Felipe Uribe de Bedout
Arquitecto encargado Project architect: Arq. Gerardo Olave Triana
Colaboradores Assistants: Arq. Álvaro Criollo López
Arq. Andrés Castro Amaya
Arq. Néstor Riascos
Arq. Verónica Ríos Botero
Practicantes Interns: Giovanny Bossa + Yady Casallas
Supervisión arquitectónica Architectural supervisor: Arq. Néstor Riascos

Cámara de Comercio de Urabá
Chamber of Commerce of Urabá

Localización Location: Apartadó, Colombia
Año Year: 2009
Superficie construida Built surface area: 5.034 m²
Cliente Client: Cámara de Comercio Urabá
Arquitecto diseñador Architect: Arq. Felipe Uribe de Bedout
Arquitecto encargado Project architect: Arq. Gerardo Olave Triana
Colaboradores Assistants: Arq. Álvaro Criollo López
Arq. Carolina Roa
Arq. Verónica Ríos Botero
Supervisión arquitectónica Architectural supervisor: Arq. Verónica Ríos Botero

Edificio de Acceso, Núcleo Comfama, Parque Arví
Access Building, Núcleo Comfama, Arví Park

Localización Location: Medellín - Corregimiento Rural Santa Elena, Colombia
Año Year: 2011
Superficie construida Built surface area: 1.385 m²
Cliente Client: Comfama
Arquitecto diseñador Architect: Arq. Felipe Uribe de Bedout
Arquitecto encargado Project architect: Arq. Alvaro Criollo López
Colaboradores Assistants: Arq. Andrés Castro Amaya
Arq. Alejandro Ochoa Gómez
Arq. Paul Jaramillo
Arq. Matías Dalla Costa
Practicantes Interns: Marcela Montaño + Verónica Ríos + Juliana Castañeda Gonzáles +
José Ignacio Castellitti + Guido Hernández + Matías Silvero +
Santiago Oliverios + Carlos Criollo López
Supervisión arquitectónica Architectural supervisor: Arq. Álvaro Criollo López

Edificio La Guaca, Núcleo Comfama, Parque Arví
La Guaca Building, Núcleo Comfama, Arví Park

Localización Location: Medellín - Corregimiento Rural Santa Elena, Colombia
Año Year: 2011
Superficie construida Built surface area: 1.564 m²
Cliente Client: Comfama
Arquitecto diseñador Architect: Arq. Felipe Uribe de Bedout
Arquitecto encargado Project architect: Arq. Álvaro Criollo López
Colaboradores Assistants: Arq. Andrés Castro Amaya
Arq. Alejandro Ochoa Gómez
Arq. Paul Jaramillo
Arq. Matías Dalla Costa
Practicantes Interns: Marcela Montaño + Verónica Ríos + Juliana Castañeda Gonzáles +
José Ignacio Castellitti + Guido Hernández + Matías Silvero +
Santiago Oliverios + Carlos Criollo López
Supervisión arquitectónica Architectural supervisor: Arq. Álvaro Criollo López

Edifico Ciempiés, Núcleo Comfama, Parque Arví
Caterpillar Building, Núcleo Comfama, Arví Park
Localización Location: Medellín - Corregimiento Rural Santa Elena, Colombia
Año Year: 2011
Superficie construida Built surface area: 3.241 m^2
Cliente Client: Comfama
Arquitecto diseñador Architect: Arq. Felipe Uribe de Bedout
Arquitecto encargado Project architect: Arq. Álvaro Criollo López
Colaboradores Assistants: Arq. Andrés Castro Amaya
Arq. Alejandro Ochoa Gómez
Arq. Paul Jaramillo
Arq. Matías Dalla Costa
Practicantes Interns: Marcela Montaño + Verónica Ríos + Juliana Castañeda Gonzáles +
José Ignacio Castellitti + Guido Hernández + Matías Silvero +
Santiago Oliverios + Carlos Criollo López
Supervisión arquitectónica Architectural supervisor: Arq. Álvaro Criollo López

Módulo Silleta, Núcleo Comfama, Parque Arví
Saddle Module, Núcleo Comfama, Arví Park
Localización Location: Medellín - Corregimiento Rural Santa Elena, Colombia
Año Year: 2011
Superficie construida Built surface area: por módulo: 146 m^2 por módulo
en total de los módulos: 7 módulos = 1.022 m^2
Cliente Client: Comfama
Arquitecto diseñador Architect: Arq. Felipe Uribe de Bedout
Arquitecto encargado Project architect: Arq. Álvaro Criollo López
Colaboradores Assistants: Arq. Andrés Castro Amaya
Arq. Alejandro Ochoa Gómez
Arq. Paul Jaramillo
Arq. Matías Dalla Costa
Practicantes Interns: Marcela Montaño + Verónica Ríos + Juliana Castañeda Gonzáles +
José Ignacio Castellitti + Guido Hernández + Matías Silvero +
Santiago Oliverios + Carlos Criollo López
Supervisión arquitectónica Architectural supervisor: Arq. Álvaro Criollo López

Parque Educativo Balcones del Saber
Balcones del Saber Educational Park
Localización Location: Tarso, Colombia
Año Year: 2014
Superficie construida Built surface area: 720 m^2
Cliente Client: V.I.V.A. – Empresa de Vivienda de Antioquia
Arquitecto diseñador Architect: Arq. Felipe Uribe de Bedout
Arquitecto encargado Project architect: Arq. Paul Marcel Jaramillo Restrepo
Colaboradores Assistants: Arq. Lisandro Piga
Arq. Analía Martínez
Arq. Xavier Mory
Arq. Juan Ignacio Demartini
Arq. David Zapata
Arq. Lorhena Cáceres
Arq. David Cardona
Supervisión arquitectónica Architectural supervisor: Arq. Paul Marcel Jaramillo Restrepo

Fundación Educativa Guillermo Ponce de León
Guillermo Ponce de León Educational Foundation
Localización Location: Tuluá, Colombia
Año Year: 2015
Superficie construida Built surface area: Módulo Aulas: 80 m^2 Total 14 Módulos =1.120 m^2
Biblioteca: 250 m^2
Edificio Cultural: 1.652 m^2
Cliente Client: Fundación Educativa Guillermo Ponce de León
Arquitecto diseñador Architect: Arq. Felipe Uribe de Bedout
Arquitecto encargado Project architect: Arq. Paul Marcel Jaramillo Restrepo
Practicantes Interns: Xavier Orlando Mory + Alejandra Ocampo + María Paula Rico +
Ana Martínez + José Berton + Angel Manuel Giudici
Supervisión arquitectónica Architectural supervisor: Arq. Paul Marcel Jaramillo Restrepo

Edificio Universidad Ciudad, Jorge Hoyos Vásquez S.J.
University City Building, Jorge Hoyos Vásquez S.J.
Localización Location: Pontificia Universidad Javeriana. Bogotá, Colombia
Año Year: 2016
Superficie construida Built surface area: 11.300 m2
Cliente Client: Pontificia Universidad Javeriana
Arquitecto director Architect: Arq. Felipe Uribe de Bedout
Arquitectos diseñadores Architects: Arq. Andrés Castro Amaya
Arq. Gerardo Olave Triana
Colaboradores Assistants: Arq. Stephany Zapata
Arq. Carlos David Sierra
Arq. Laura Maya
Arq. Juan Pablo Parada
Arq. Daniel Rojas
Arq. Claudio Arévalo
Arq. Sergio Ramírez
Arq. Lina Mora
Practicantes Interns: Camilo Zea + Juan Camilo Arias + Andrés Herrera +
Juan Pablo Gonzales + Laura Delgado + Camilo Betancur +
Claudio Arévalo + Carlos Felipe Villamizar + Camilo Cortes
Supervisión arquitectónica Architectural supervisor: Arq. Carlos David Sierra + Arq. Claudio Arévalo +
Arq. Daniel Rojas + Arq. Laura Moreno

Realización de maquetas en sección y planimetrías
Models and Plans
Coordinación Coordinator: Juan Camilo Solís Marín
Colaboradores Assistants: Alejandro Lema Correa
Camilo Osorio Giraldo
Juan Andrés López Duque
Julián Mateo Cruz Cano
Mateo Soto Ochoa
Santiago Ramírez Torres
Santiago Villegas Tavera
Juliana Pérez Arango

Felipe Uribe de Bedout

Arquitecto urbanista de la Universidad Pontificia Bolivariana (Medellín-Colombia). En 1990 crea su estudio: +UdeB Arquitectos. **+** En su trayectoria ha realizado obras públicas para cuatro alcaldías diferentes que han contribuido a la renovación urbana y recuperación social de Medellín, destacándose El Parque de los Deseos, La Biblioteca EPM, El Colegio la Independencia y el Parque de los Pies Descalzos. **+** Ha trabajado como docente en maestrías, pregrados y como conferencista en diversos institutos y universidades internacionales. **+** Su obra ha obtenido reconocimientos tanto nacionales como internacionales como: Premio Latinoamericano de Arquitectura Rogelio Salmona 2014 (Mención Honorífica), XIX Bienal Panamericana de Arquitectura de Quito 2014 (Segunda Mención Internacional), IX Premio Lápiz de Acero 2006 (proyecto finalista en la categoría Diseño Arquitectónico), Premio Lápiz Azul al diseño más importante del año 2004, Internazionale Marmi e Macchine Carrara 2001 (proyecto ganador en la categoría External Facing), XVII Bienal Colombiana de Arquitectura 2000 (Premio Nacional de Arquitectura Martínez Sanabria) y II Bienal Iberoamericana Arquitectura e Ingeniería Civil - Accésit de Arquitectura 2000.

Graduated as an urban planner and architect from the Pontificia Bolivariana University (Medellin-Colombia). In 1990 he established his studio: +UdeB Arquitectos. **+** Over his career, he has completed public works in four different municipalities that have contributed to the urban renewal and social recovery of Medellon, including most notably the Park of Desires, the EPM library, the Independence College and the Barefoot Park. **+** He has worked as a lecturer on masters and undergraduate courses and presented talks at various international institutes and universities. **+** His work has received both national and international awards such as: the Rogelio Salmona 2014 Latin American Architecture Award (Honorable Mention), the 19th Pan-American Architecture Biennial of Quito 2014 (Second International Mention), the 9th Pencil of Steel Award 2006 (finalist project in the Architectural Design category), Blue Pencil Prize for the most important design of the year 2004, Internazionale Marmi e Macchine Carrara 2001 (winning project in the External Facing category), the 17th Colombian Architecture Biennial 2000 (Martínez Sanabria National Architecture Prize) and the 2nd Iberoamerican Architecture and Civil Engineering Biennial - Accésit de Arquitectura 2000.

Este libro se terminó de imprimir en marzo de 2018 en México por Offset Rebosan con un tiraje de 2,000 ejemplares. Para la formación de textos se usaron fuentes de la familia Archer diseñada por Jonathan Hoefler en 2008. This book was printed in Mexico in March 2018 by Offset Rebosan. 2,000 copies were printed. The typefaces are from the Archer family, designed by Jonathan Hoefler in 2008.